大阪・兵庫
ご朱印めぐり旅
乙女の寺社案内

あんぐる 著

メイツ出版

もくじ

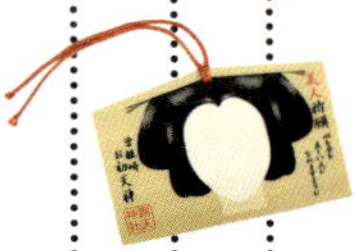

大阪

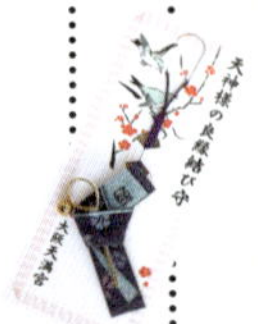

兵庫

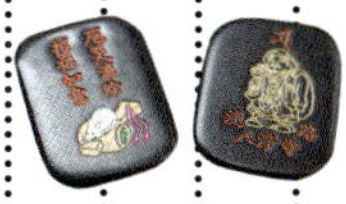

MAP

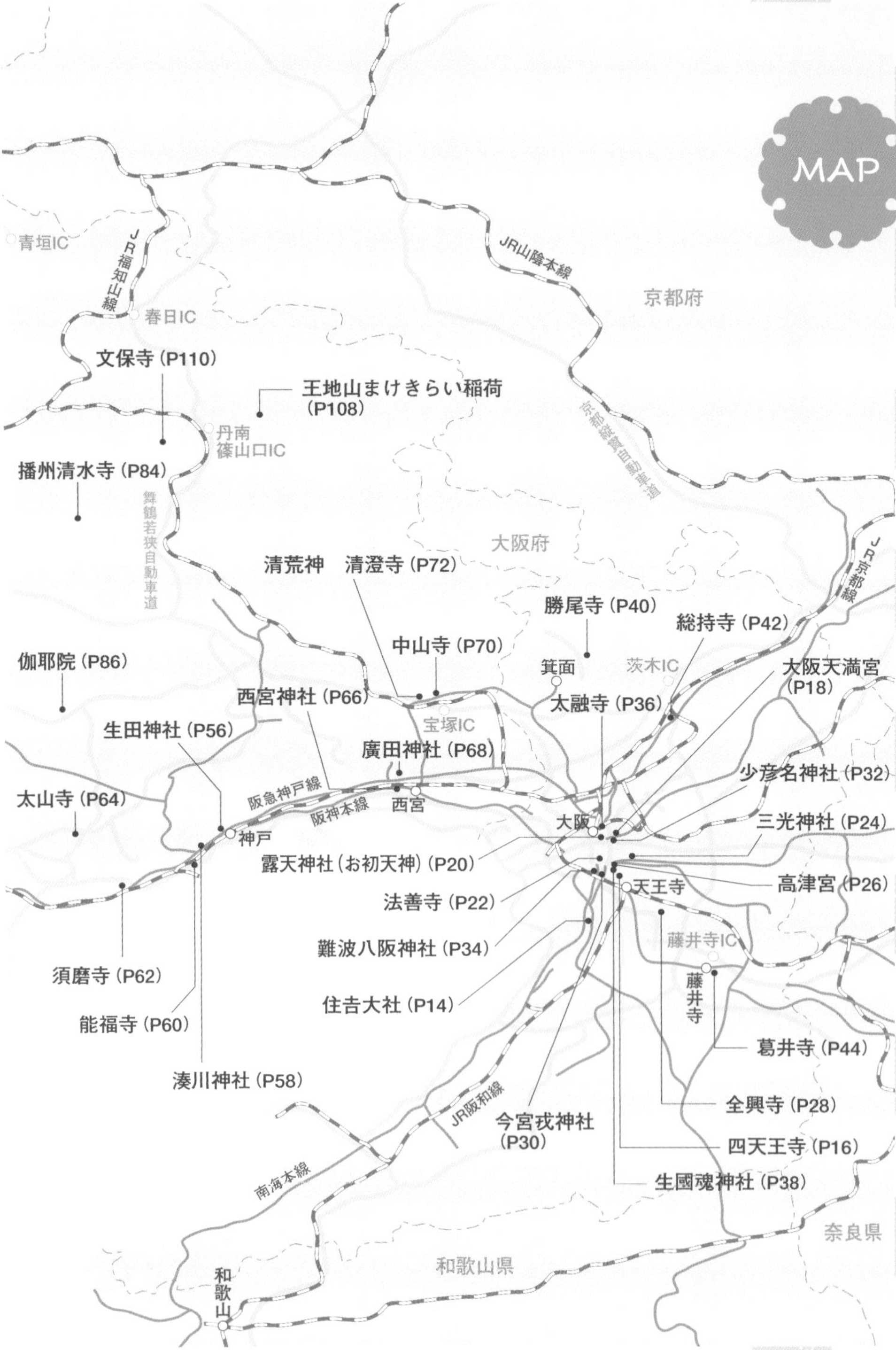
青垣IC
JR福知山線
春日IC
JR山陰本線
京都府
文保寺 (P110)
王地山まけきらい稲荷
(P108)
丹南
篠山口IC
京都縦貫自動車道
播州清水寺 (P84)
舞鶴若狭自動車道
大阪府
清荒神　清澄寺 (P72)
JR京都線
勝尾寺 (P40)
総持寺 (P42)
中山寺 (P70)
伽耶院 (P86)
箕面
茨木IC
大阪天満宮
(P18)
西宮神社 (P66)
太融寺 (P36)
宝塚IC
生田神社 (P56)
廣田神社 (P68)
少彦名神社 (P32)
太山寺 (P64)
阪急神戸線
西宮
阪神本線
大阪
三光神社 (P24)
神戸
露天神社（お初天神）(P20)
高津宮 (P26)
天王寺
法善寺 (P22)
難波八阪神社 (P34)
藤井寺IC
須磨寺 (P62)
藤井寺
住吉大社 (P14)
能福寺 (P60)
葛井寺 (P44)
湊川神社 (P58)
全興寺 (P28)
今宮戎神社
(P30)
JR阪和線
四天王寺 (P16)
生國魂神社 (P38)
南海本線
奈良県
和歌山県
和歌山

但馬
安國寺（P114）
養父
養父神社（P112）
JR山陰本線
和田山IC
高源寺（P106）
兵庫県
達身寺（P104）
播但連絡道路
JR播但線
JR加古川線
中国自動車道
一乗寺（P82）
書寫山圓教寺（P96）
滝野社IC
姫路西IC
龍野IC
浄土寺（P80）
姫路
花田IC
山陽自動車道
JR山陽本線
相生
鹿嶋神社（P88）
三木小野IC
赤穂IC
山陽電鉄本線
加古川
斑鳩寺（P98）
播州赤穂
JR赤穂線
第二神明道路
播磨国総社・
射楯兵主神社
（P92）
JR神戸線
赤穂大石神社（P100）
鶴林寺（P78）
廣峯神社（P94）

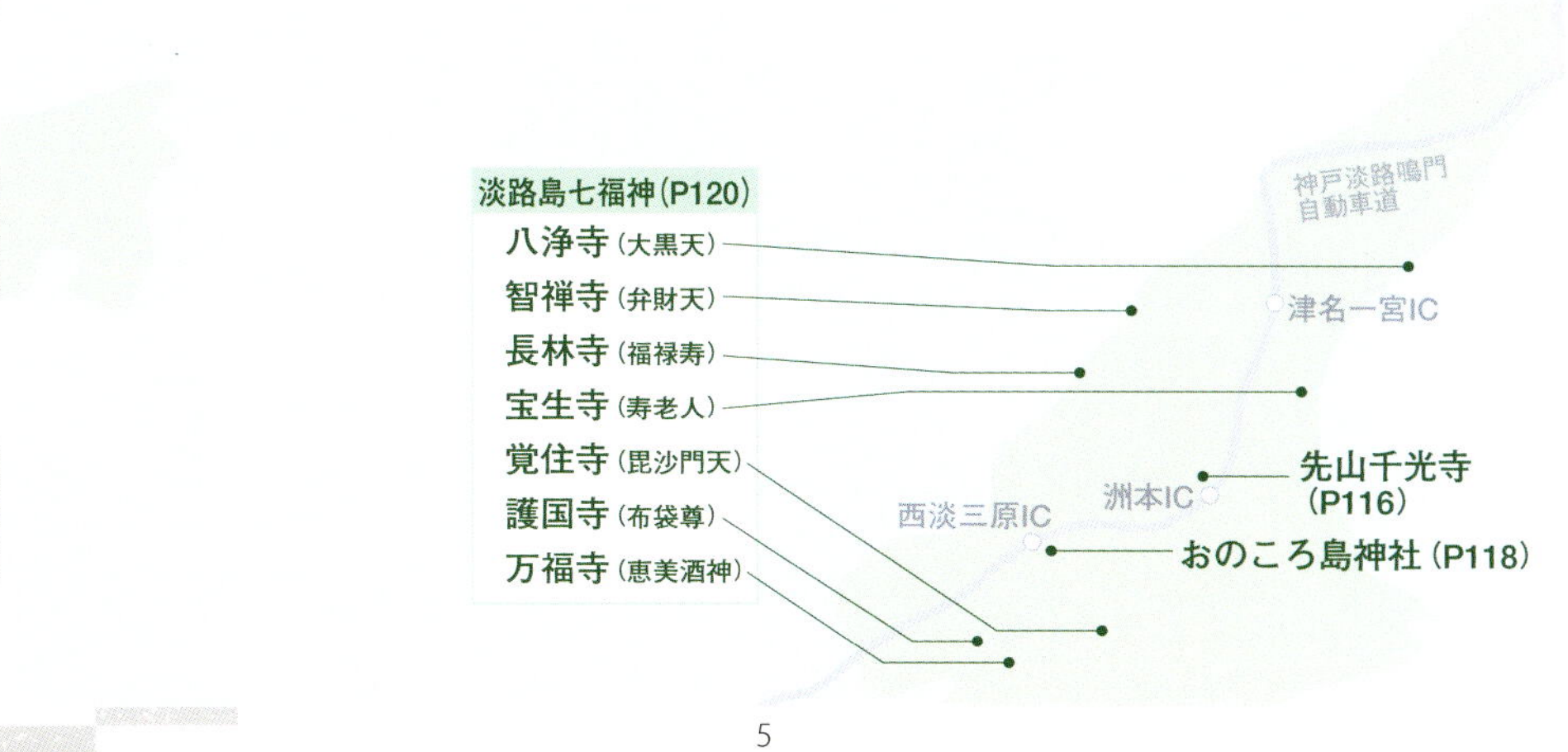

淡路島七福神（P120）
八浄寺（大黒天）
智禅寺（弁財天）
長林寺（福禄寿）
宝生寺（寿老人）
覚住寺（毘沙門天）
護国寺（布袋尊）
万福寺（恵美酒神）
神戸淡路鳴門
自動車道
津名一宮IC
先山千光寺
（P116）
洲本IC
西淡三原IC
おのころ島神社（P118）

参拝のマナー

ご朱印はお参りをすませてからもらうのがマナーです。
基本的なお参りの仕方を紹介します。

神社の場合

一、鳥居では一礼

鳥居の前では軽く一礼して、神様に敬意をしめしてからくぐりましょう。帰りにも振り返って一礼しましょう。脱帽も忘れずに。

二、参道は真ん中を歩かず、道の端を歩きましょう

参道の真ん中は正中といって、神様の通り道。邪魔にならないように端を歩きましょう。

三、手水舎《ちょうずや》・御手洗《みたらし》で心身を清めます

まず右手に柄杓（ひしゃく）を持ち、左手を清めます。左手に持ち替えて右手を清めます。次に、右手に持ち替えて左手に水をためて口をゆすぎます。おしまいに、柄杓の柄の首を持ち、立てるように傾けて残った水で柄を洗います。ない場合は省略してもかまいません。

四、お賽銭を入れる

お賽銭は投げずにそっと入れましょう。

五、鈴を鳴らす

鈴は神様にお参りに来たことをお知らせするものです。お賽銭を入れた後に鳴らしましょう。

六、二礼二拍手一礼

二回深く頭を下げて二回拍手、最後に一礼します。このときにお祈りをします。

寺院の場合

一、山門（三門）で合掌

山門をくぐるときは、合掌一礼してから。数珠があれば、つけて合掌しましょう。脱帽も忘れずに。帰るときにも本堂に向かって合掌一礼をしましょう。

二、手水舎《ちょうずや》・御手洗《みたらし》で心身を清めます

作法は、神社の場合と同じです。

三、お灯明やお線香がある場合は納めます

お線香の数は、特に指定がなければ1本でかまいません。

四、静かにお参り

お賽銭を納め、静かに合掌します。数珠があればつけて合掌してください。ご本尊の真言などがあれば、その言葉を唱えましょう。

ご朱印のいただき方

ご朱印は、参拝をした証です。お参りをすませたら、ご朱印をいただきにいきましょう。

一、ご朱印をいただきに

参拝をすませたら、納経所や社務所に行きましょう。朱印所となっている場合もあります。

二、スムーズに

書いてほしいページを開いて渡しましょう。ご朱印の料金は、おつりが出ないよう小銭を用意しておくといいですね。

三、静かに待って質問は最後に

心を込めて書いていただいているので、静かに待ちましょう。質問は両手でご朱印帳を受け取ってから。

四、ご朱印帳袋があると便利

ご朱印をいただくために、いろいろな場所に持ち運ぶご朱印帳。かばんの中でこすれて傷んだりしないように、カバーや袋があると便利ですね。

【こんな場合もあります】

●書き置き

書き手の方が不在、多忙などの理由で、直接ご朱印帳に書いていただけない時は、別紙に書かれた「書き置き」と呼ばれるご朱印をいただける場合があります。もちろんご朱印帳を忘れたときでも「書き置き」をいただける場合もあります。また、寺院によっては、「書き置き」のみを授与しているところもあります。

●すべてスタンプ・すべて印刷

寺院によっては、寺院の印や社紋以外もすべてスタンプや印刷の場合もあります。

●ご朱印をいただけない？

小さい寺院で書き手の方が少ない場合や神事などで神職の方が不在などの理由でご朱印がいただけない場合もあります。そのときは、別の日にお参りするようにしましょう。

●同じご朱印？

ご朱印は、必ずしも書き手がいつも同じ方であるとは限りません。特に大きな寺社では、ご朱印担当のスタッフがたくさんいらっしゃいます。同じ神社でも、書き手によって違うご朱印のように見えることもあります。この本に記載しているご朱印と同じご朱印をいただけるわけではありませんのでご了承ください。

【ワンポイントQ&A】

Q　ご朱印帳はお寺と神社で分けた方がいい？

A　日本では昔は、神仏習合といって、神様も仏様も同じように祀られていましたので、基本的には問題はありません。持ち運びが便利だしお参りした順序がわかるので1冊の方がいいという意見があるなか、分けた方があとから整理しやすいという意見、また表は神社、裏はお寺にしたら整理も楽だし、持ち運びもコンパクトなど、さまざまです。好みに応じて使い分けるといいでしょう。

Q　パンフレットを挟んだまま渡してもいい？

A　ご朱印をいただくと、寺社の由緒などが書かれたパンフレットを挟んでくださる場合があります。パンフレットや拝観券を挟んだまま渡すと、紛失の原因になりますので、抜いて渡しましょう。

ご朱印の見方

ご朱印の基本の様式とその意味についても知っておきましょう。

寺院～勝尾寺の場合～

奉拝・札所

「奉拝」は「参拝させていただきました」の意味。ご朱印は、寺院の俗称や「西国三十三所」「おおさか十三仏」など札所霊場であることが示されます。

日付

参拝した年月日が入ります。寺院によっては、左側の余白に入れる場合もあります。

中央の文字

ご本尊や本堂の別称などが入ります。観音経のなかのことばが入る場合もあります。

宝印

中央にはご本尊をあらわす梵字（インドで使われていた漢字のようなもの）が入った印が押されます。

寺院の印

寺院名のご朱印。なかには山号を彫った印もあります。ほとんど四角形ですが、円形や梵鐘印など変わった形もあります。

寺院名

寺院の名前が書かれています。山号も書かれる場合があります。

神社～生國魂神社の場合～

奉拝の字

右上に「参拝させていただきました」という意味の「奉拝」という言葉が入ります。

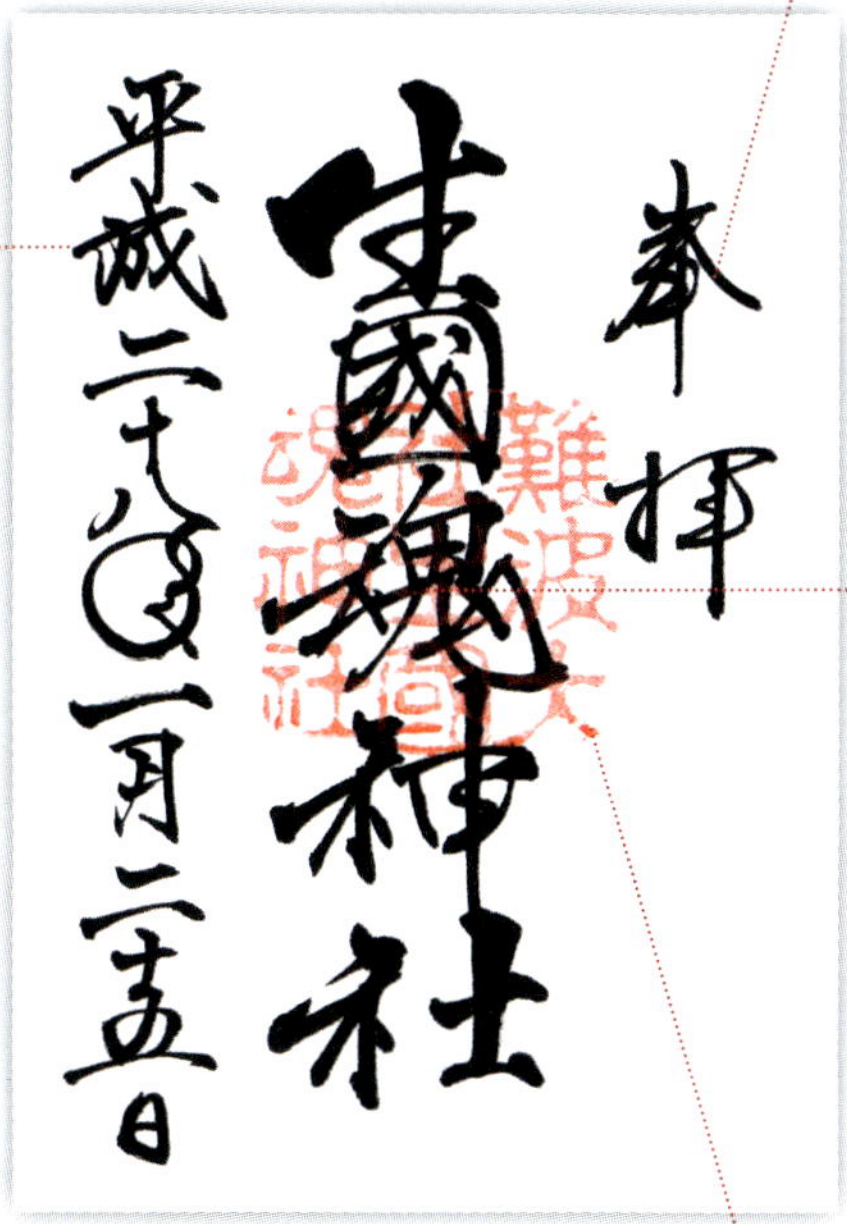

中央の文字

神社名が中央に書かれています。伊勢神宮や出雲大社のように、神社名は書かず、神社の印だけが押される場合もあります。

神社の印

神社名が刻まれた印。このほか、社紋が押される場合があります。

日付

参拝した年月日が入ります。神社によっては、右側の余白に入れる場合もあります。

そのほか、神社にゆかりのある印（今宮戎神社なら鯛、三光神社なら六文銭など）が押される場合もあります。

この本の使い方

その寺社の代表的なご朱印を紹介しています。寺社によっては、たくさんの種類があるところ、季節限定のご朱印をいただけるところもありますので、お尋ねください。
また、この本に記載しているご朱印とまったく同じものをいただけるとは限りませんので、あらかじめご了承ください。

寺社は、年中無休のところが多いので、特に記載していませんが、臨時のお休みがある場合もあります。確認してからお出かけください。
料金は、大人1名分を記載しています。子ども料金や団体料金を適用している寺社もありますのでご確認ください。

ライター目線で見た、その寺社での「おすすめ」を記載しています。それが場所の場合もあれば、ものや体験の場合もあります。ぜひ「見て」「買って」「やって」帰ってきてください。

※本書のデータは、2016年1月現在のものです。記載している情報や料金は取材時のもので、予告なく変更される場合があります。詳細は各寺社でご確認ください。

大阪

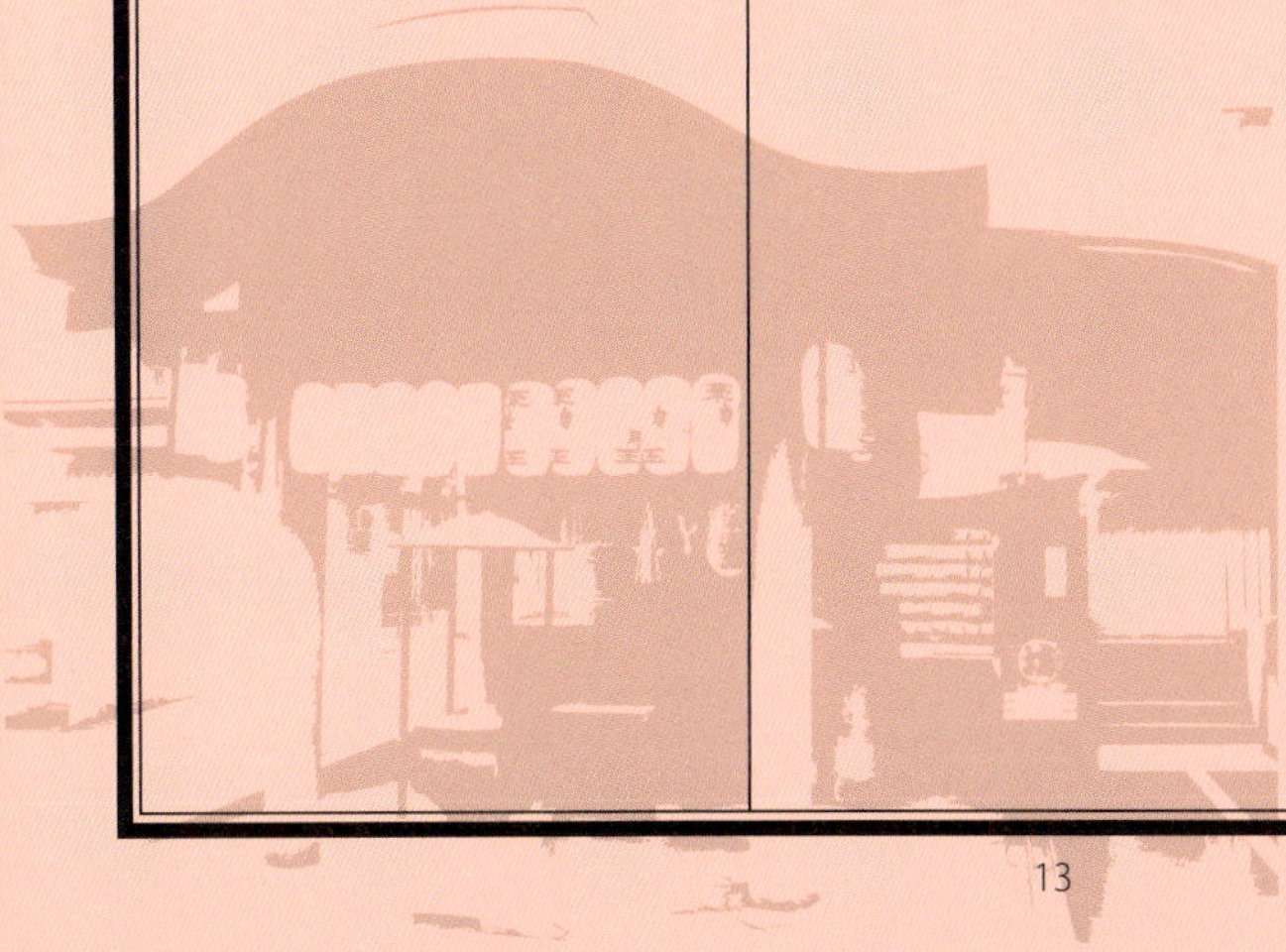

大阪

住吉大社《すみよしたいしゃ》

4棟の本殿（国宝）と、重要文化財に指定されている幣殿と渡殿

Information

電　話	06-6672-0753
住　所	大阪市住吉区住吉 2-9-89
参拝時間	6：00 ～ 17：00（10 ～ 3 月は 6：30 ～）　※施設により異なる
参拝料	なし
駐車場	200 台（1 時間 200 円、以降 30 分 100 円）
H　P	http://www.sumiyoshitaisha.net/

全国住吉神社の総本社 大阪の「すみよっさん」

全国に約２３００社ある住吉神社の総本社。初詣者数は大阪府下で一番多く、２００万人を超える人出があります。歴史が深く信仰が篤い神社として、摂津一の宮という社格がつけられています。それぞれにご祭神を祀る4棟の本殿は、１８１０年に造られました。第一本宮から第三本宮が縦直列、第三・第四本宮が横並列に並ぶ住吉造の本殿は、4棟すべてが国宝に指定されています。

広い境内で特に有名なのが太鼓橋（反橋）。昔は橋の近くまで波が打ち寄せていたそうです。「誕生石」は、島津忠久公を出産する際に丹後の局が抱えて力を込めたといわれる大きな石で、垣の中の小石をお守りにして安産を祈ります。毎月最初の辰の日に商売繁昌などを祈願する「はったつさん」とよばれる初辰まいりには、たくさんの人がお参りに来ています。

◀右上に摂津一の宮を意味する押印、中央に住吉大社の文字が書かれ、角印が押されています

「良縁守」
800円

2つセットになったうさぎのストラップは良縁のお守り。
1500円

反橋と3匹のうさぎが描かれたオリジナルのご朱印帳。ピンク・ブルー各1000円。同じ柄の袋もある（2000円）

美容・芸事の神様を祀る摂社・浅澤神社の「美咲守」800円

うさぎの年、うさぎの月、うさぎの日に祀られたことから、神様のお使いとして、うさぎのお守りが多い。
1000円

住吉大社を象徴する有名な反橋。
夜にはライトアップされ、関西夜景100選にも選ばれている

初辰まいり。4社を順にお参りし、2番参りの楠珺社では「商売繁昌・家内安全」を祈る。奇数月は左手（人招き）、偶数月は右手（お金招き）を挙げた招福猫を授かる

両方の柱が四角で、角鳥居とよばれる石鳥居

Access

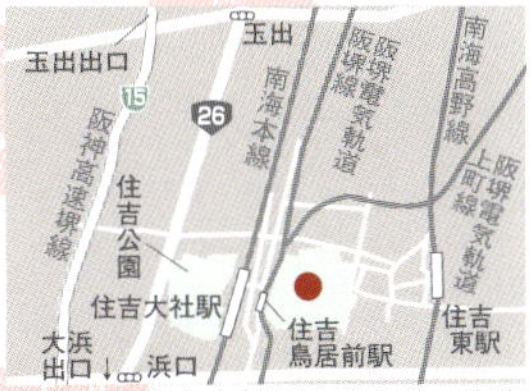

南海本線住吉大社駅より3分、南海高野線住吉東駅より5分。阪堺電気軌道阪堺線住吉鳥居前駅よりすぐ
車／阪神高速堺線玉出出口より10分、湾岸線大浜出口より20分

い・ち・お・し！

【五大力《ごだいりき》（五所御前）】

第一本宮と摂社・若宮八幡宮の間にある五所御前は、住吉大神が降臨した場所。垣内から「五」「大」「力」と書かれた小石を探してお守りにすると心願成就のご利益があります。お守り袋は授与所で（300円）。

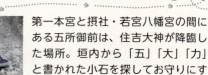

聖徳太子のご本地仏である救世観音を祀る金堂、釈迦三尊の壁画と四天王を祀る五重塔。伽藍の拝観は西重門から（有料）

大阪

四天王寺《してんのうじ》

Information

電　話	06-6771-0066
住　所	大阪市天王寺区四天王寺 1-11-18
拝観時間	自由　※六時堂は 8:30 ～ 18:00、お堂・伽藍・庭園は 8:30 ～ 16:00（季節により異なる）
拝観料	伽藍は大人 300 円、学生 200 円
駐車場	34 台（8:00 ～ 22:00 は 30 分 200 円、22:00 以降 1 時間 100 円）
H　P	http://www.shitennoji.or.jp/

日本で一番古いお寺で聖徳太子の伝説に触れる

今から１４００年以上も前に、聖徳太子が仏教の守護神である四天王（持国天・増長天・広目天・多聞天）を安置する寺院として創建。広い敷地の中には聖徳太子を祀る太子殿や弘法大師を祀る大師堂をはじめ、たくさんのお堂が点在しています。なかでも、南から北へ向かって中門・五重塔・金堂・講堂を一直線に並べて廻廊が囲んでいる四天王寺式伽藍配置とよばれる伽藍は必見です。

宗派を超えて広く信仰される四天王寺では、毎月22日にお太子さん（聖徳太子）、21日にお大師さん（弘法大師）の二つの縁日が開かれ、境内一帯にたくさんのお店が並びます。また、22日には聖徳太子の伝説を描いた絵伝を収めた絵堂が拝観でき、伽藍も無料開放しています。聖徳太子の命日である4月22日には、石舞台で重要無形文化財の聖霊会舞楽大法要が奉納されます。

◀中央に「仏法僧」の三宝印が押され、観音様を祀る金堂を意味する「大悲殿」と書かれています。23種のご朱印があり、すべて納経所で。各300円

やさしい香りが漂う聖徳太子「香御守」700円

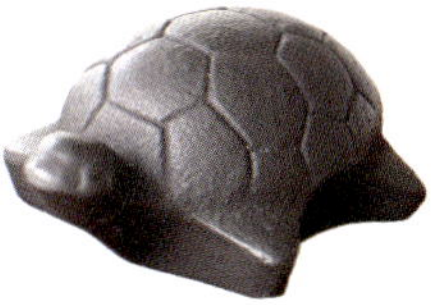

南部鉄器で作られた亀の文鎮。最初は真っ黒で、使えば使うほど馴染む。1200円

健康・長寿・病気平癒を祈願する聖徳太子「孝養御守」1000円

「お乳がよく出ますように」と願いを込めた乳布袋尊絵馬1000円

重要文化財の六時礼拝堂と、その前の亀の池に架かっている石橋に組まれた石舞台

1294年に現在の石造りとなった鳥居。扁額に書かれているのは「お釈迦様が説法を説く場所であり、極楽の東門の中心地」という意味の言葉

子どもの健康とお乳がよく出るようにとの願いでお参りをする人が多い布袋堂

Access

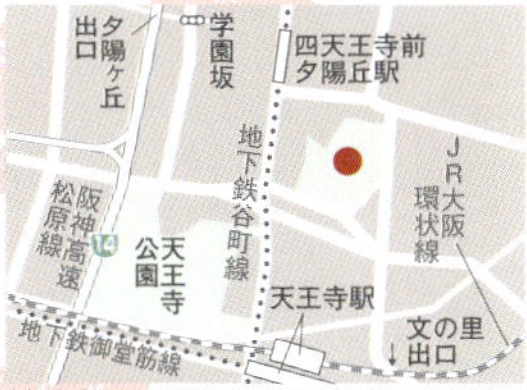

地下鉄谷町線四天王寺夕陽丘駅より5分、JR環状線または地下鉄御堂筋線・谷町線天王寺駅より12分
車／阪神高速松原線夕陽ヶ丘出口より6分、文の里出口より10分

い・ち・お・し！

【茶の縁 三つ巴】

四天王寺と洋菓子店の帝塚山ポアールがコラボしたオリジナルのお菓子で、マカロンに似たさくっとした食感。パッケージの絵柄は、四天王寺の風景を描いています。無料休憩所の和労堂で販売（2個入り490円〜）。

大阪

大阪天満宮《おおさかてんまんぐう》

何度も火災にあった末に再建された権現造りの本殿

Information

電　話	06-6353-0025
住　所	大阪市北区天神橋 2-1-8
参拝時間	6：00 ～日没（夏季は 5：30 ～）
参拝料	なし
駐車場	なし
H　P	http://www.tenjinsan.com/

学問の神様道真公を祀る天神さんで合格祈願

「天満の天神さん」と呼ばれて親しまれている大阪天満宮の始まりは、平安時代中期。大宰府に左遷されることになった菅原道真公が、出発前に摂津中島にあった大将軍社に参詣しました。道真公は2年後に亡くなってしまいますが、約50年経った天暦3年のある夜、突然大将軍社の前に一夜にして7本の松が立ち、金色の光を放ったそうです。その不思議な出来事から大阪天満宮が建立され、その後、大将軍社は摂社として祀られるようになりました。

大阪天満宮で斎行される天神祭は千年以上の歴史があり、日本三大祭りの一つとしても有名です。毎年7月24日と25日に行われ、全国から大勢の人が訪れます。また、毎月25日には天神さんの縁日、道真公に左遷の命が下った1月25日には、初天神梅花祭が開催されます。

◀中央に社紋である梅鉢紋の印と神社の角印が押され、大阪天満宮の文字が書かれています。300円

全国約1200社の天満宮で作っている紅白の梅が描かれたご朱印帳。1000円

天神様の良縁結び
各500円

「梅小町守」
1000円

合格守（お札、お守り、絵馬）
3000円

梅の紋が描かれた鈴のストラップ各700円

よくなでられる頭がピカピカに光っている「なで牛」。
牛は天神さんとご縁の深い生き物といわれている

菅原道真公が祀られている大将軍社

稲荷大神を祀る白米稲荷社

Access

地下鉄谷町線・堺筋線南森町駅4番出口または JR 東西線大阪天満宮駅3番出口より4分

い・ち・お・し！

【天満天神の水】

江戸時代に「大坂四清水」といわれた名水。戦後の開発で水脈が絶たれてしまいましたが、平成26年に地下約70m から地下水のくみ上げに成功。毎月1・10・25日の3日間参拝者も水を飲むことができます。

大阪

露天神社《つゆのてんじんしゃ》（お初天神）

キタの中心地に位置し、ぶらりとお参りに訪れる人も多い

Information

電　　話　06-6311-0895
住　　所　大阪市北区曽根崎 2-5-4
参拝時間　6：00 ～ 24：00（社務所は 9：00 ～ 18：00）
参 拝 料　なし
駐 車 場　なし
H　　 P　http://www.tuyutenjin.com/

お初・徳兵衛の悲恋から 時を超えて恋人の聖地に

古代難波で最も古い祭祀の「難波八十島祭」旧跡の一社として、１３００年の歴史をもつ露天神社。ご祭神として祀られている菅原道真公が、大宰府に左遷される途中にこの地で詠んだ御歌から露天神社と称するようになったと伝えられています。昔のこの地は曽根州とよばれた大阪湾に浮かぶ小島の一つで、陸がつながって曽根崎となりました。その後、大阪駅や阪急電鉄梅田駅の開業など、地域の大きな発展とともに、大阪キタの中心である梅田・曽根崎の総鎮守として信仰されています。

１７０３年、お初と徳兵衛が境内にある天神の森で心中する事件が起こり、近松門左衛門の代表的な戯曲『曾根崎心中』の題材となりました。以降、お初天神と呼ばれるようになり、現在では、縁結びスポットや恋人の聖地として人気を集め、女性やカップルがたくさん訪れます。

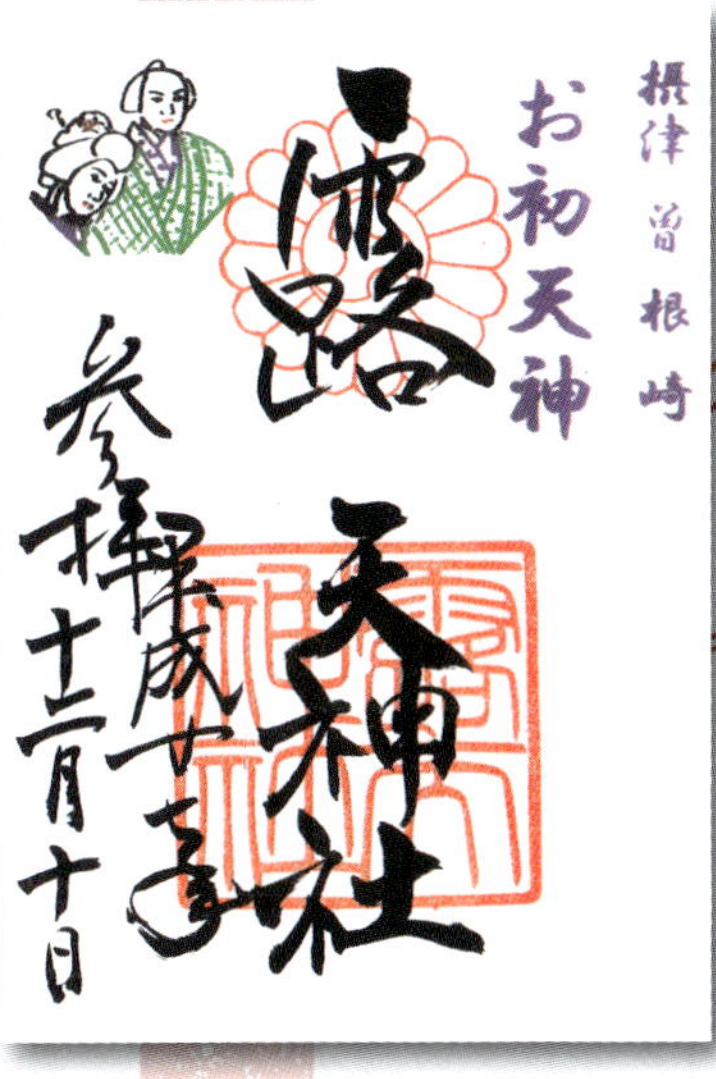

◀社紋と角印の上に神社名が書かれ、右上にお初天神の印。左上には、お初と徳兵衛を描いたカラーのスタンプが押されています。300円

お初・徳兵衛が描かれた絵馬。各700円

縁結びのお守り600円、2つセット1200円

心姿美人祈願の絵馬とストラップのセット。ストラップの裏には「容姿の美しきは一時の花　心根美しきは一生の宝」と書かれている。800円

露（つゆ）をもじって、「TO YOU」。外国人にも人気のお守り。各600円

久留米藩の水天宮、丸亀・高松藩の金刀比羅宮ともに、もとは中之島藩邸内の社。水天宮は、安産などのご神徳がある

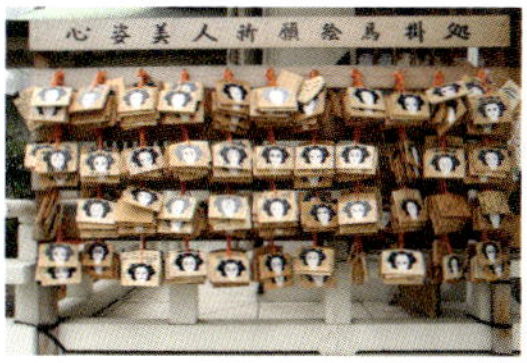

自由に顔を描いて、心身ともに真の美人になれるように祈願する。心姿美人祈願の絵馬700円

2013年「恋人の聖地」に選定され、カップルのパワースポットに

Access

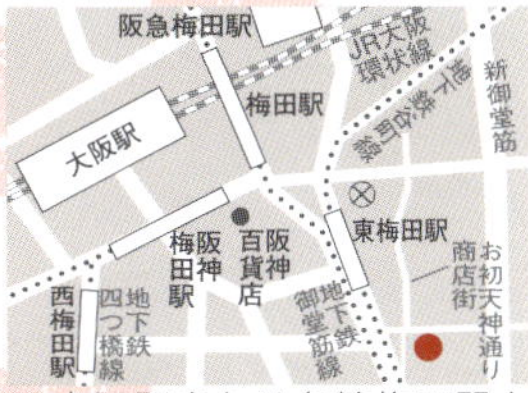

JR大阪駅または各線梅田駅より5～10分

【お初・徳兵衛ブロンズ像】

近松門左衛門の『曽根崎心中』ゆかりの地で、通称「お初天神」と呼ばれるようになった露天神社。今も恋愛成就を願う人たちが多く訪れ、事後301年を経た2004年には二人をしのぶブロンズ像が建立されました。

大阪

法善寺《ほうぜんじ》

通勤途中などに気軽にお参りする人が多く、絶え間なく参拝者が訪れる

Information

電　話　06-6211-4152
住　所　大阪市中央区難波 1-2-16
拝観時間　自由（寺務所は 8：00 ～ 22：45）
拝 観 料　なし
駐 車 場　なし
H　P　http://houzenji.jp/

願いを込めて水をかける 青々と苔むしたお不動さん

「水掛不動さん」で有名な法善寺。ご本尊は阿弥陀如来、西向不動明王（水掛不動尊）、金毘羅大王、お初大神（岡山最上稲荷）です。不動明王には大きな威力があり、祈願者の願いによってどんなご利益でも与えてくれるといわれています。最初は水を供えていましたが、すがる思いで水をかけながら拝んでいた人がいたことから、それ以来不動尊に水がかけられるようになったと伝えられています。参拝者が掛ける水で、青々と苔むした不動尊。身体の部分に水を掛けるのは、病気平癒や心願成就などの願いが込められているそうです。毎朝通勤途中に立ち寄る人も多く、場所柄、舞台に上がる前にお参りする役者さんや芸人さんたちもたくさんいます。

お参りのあとは、法善寺横丁をぶらぶらしてみてください。特に夜、提灯に灯がともるころには、独特の雰囲気が漂います。

◀中央には法輪を描いた宝印。あらかじめ印刷されたものが準備されていて、日付のみ手書きで入れてくれます。200 円

お守り各 500 円

絵馬 500 円

不動明王が描かれたお守りの本体 400 円

祈願者の願いによって、どんなご利益でもいただけるという不動明王（水掛不動）

安全な航海と大漁を祈る金毘羅大王。扉の奥に金毘羅山の秘仏が祀られている

日が暮れると提灯に灯りがともり、独特の雰囲気が感じられる法善寺横丁

Access

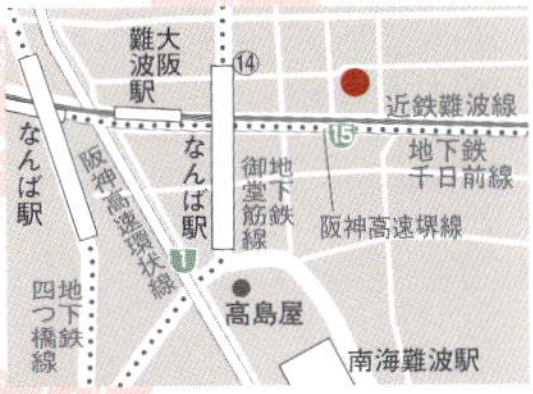

各線難波駅より 5 ～ 8 分

い・ち・お・し！

【一寸法師大明神】

法善寺横丁からつながる細い路地、浮世小路にある一寸法師大明神。小さな祠にはおみくじもあり、100 円を入れると大阪弁の音声が流れます。おみくじの内容もおもしろく書かれていて、隠れた人気スポットに。

大阪

三光神社《さんこうじんじゃ》

昔は姫山神社と称したが、全国的に知られる「真田山の三光」の名称より三光神社となった

Information

電　話　06-6761-0372
住　所　大阪市天王寺区玉造本町 14-90
参拝時間　自由（社務所は 9：00 ～ 17：00）
参拝料　なし
駐車場　なし
H　P　http://www.sankoujinja.com/

日本一の兵、幸村公と真田山のご利益で勝つ！

仁徳天皇の第三皇子である反正天皇の時代に創建され、ご祭神は天照大神《あまてらすおおみかみ》、月讀尊《つきよみのみこと》、素戔嗚尊《すさのおのみこと》。日本で唯一の中風除けの神様としても広く知られ、末社の竹内宿彌社は大阪七福神の「寿老神《じゅろうじん》」として信仰を集めています。終戦の年に各社殿をはじめ建物一切を消失。その際に大鳥居の片方の柱だけが残り、平和と国家の安泰を祈願する「片柱の鳥居」として名所のひとつになっています。

また、この地は真田丸の一部と考えられ、真田幸村が「真田の抜け穴」と呼ばれる大阪城までつながる抜け穴を掘ったと伝えられています。現在もその跡が残っていますが、普段は鉄門で封鎖。毎年11月の第１日曜に開放され、中を見ることができます。抜け穴の横には１９８７年に建立された真田幸村公の陣中指揮姿の銅像があります。

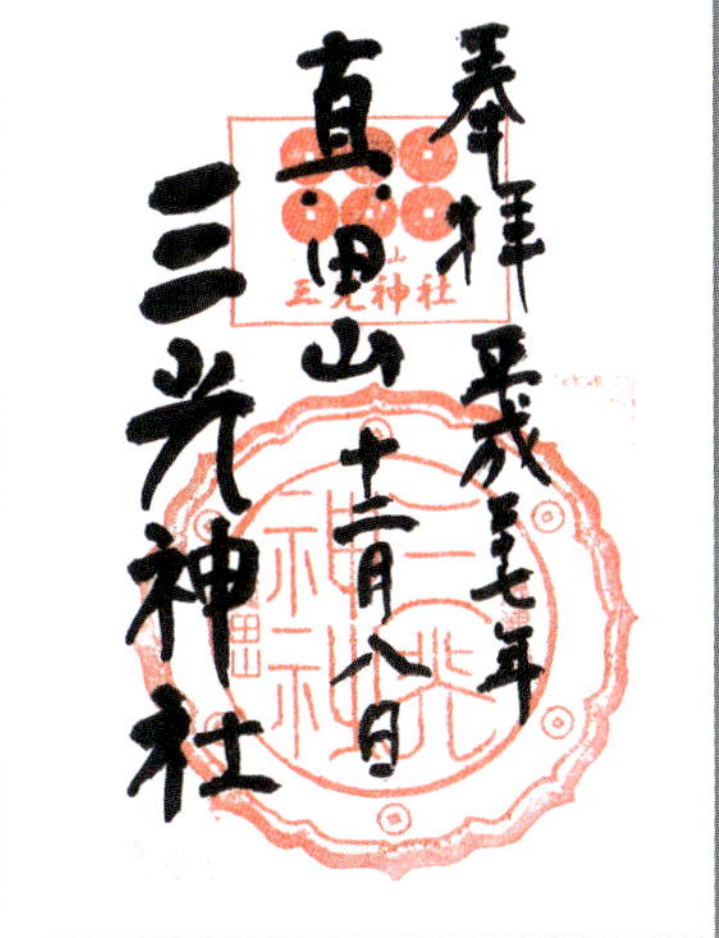

◀幸村ゆかりの六文銭と、矢田の鏡を描いた宝印を押印。ほかに大阪七福神のご朱印もあります。300円

最後まで戦い抜いた幸村にちなんで「勝」の文字に六文銭をあしらった勝守700円

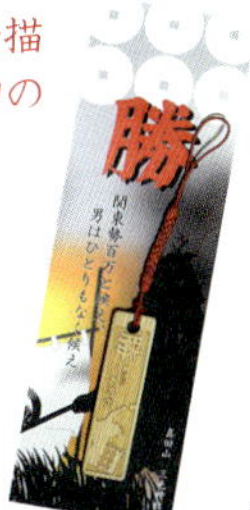

竹に「勝」と「智」の文字を彫ったストラップ各600円

真田幸村の銅像と六文銭をモチーフにした勝守ストラップ1000円

大坂冬の陣の際に真田幸村が掘ったといわれる「真田の抜け穴」。毎年11月第1日曜に開放する

「真田の抜け穴」の横に建つ「真田幸村の像」

平和への願いを込めて保存された「方柱の鳥居」。大相撲の力士名が刻まれている

Access

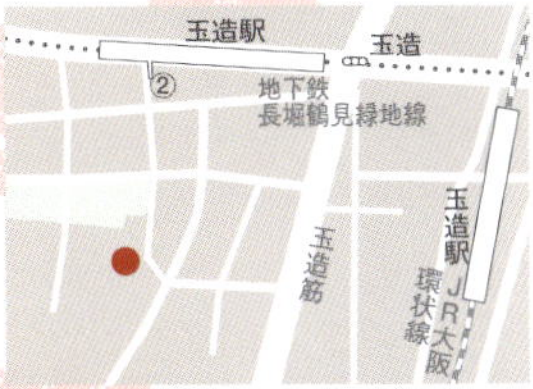

地下鉄長堀鶴見緑地線玉造駅2番出口より2分、JR環状線玉造駅より5分

い・ち・お・し！

【大阪七福神】

1803年に大阪の7寺社で始まった七福神巡り。その4番に寿老神真田山いなり社とあり、それが現在の三光神社です。それぞれの寺社は歩いて回れるので、色紙に宝印をいただきながら巡拝してみては。

大阪

高津宮《こうづぐう》

1945 年に神輿庫ひとつを残して焼失したが、1961 年に復興した本殿

Information

電　話	06-6762-1122
住　所	大阪市中央区高津 1-1-29
参拝時間	自由（社務所 9：00 ～ 16：30）
参拝料	なし
駐車場	なし
H　P	http://www.kouzu.or.jp/

上方文化に触れながら縁結びのご利益を

浪速津の守護神と仰ぐ仁徳《にんとく》天皇を主祭神に、父・応神《おうじん》天皇、祖父・仲哀《ちゅうあい》天皇、祖母・神功《じんぐう》皇后などが祀られています。歴代天皇の中で初めて浪速の地に首都を築いた仁徳天皇は、高殿からながめた浪速の町に立つ煙の少なさから窮乏を察し、諸税を止めて庶民を救いました。仁徳天皇の人々を思う政治を慕い、８６６年、清和天皇の勅命で遺跡を探索して社殿を築き、仁徳天皇の皇居を神とあがめて祀ったのが浪速高津宮の始まりです。

高津宮は「高津の富」や「高倉狐」など、古典落語に数多く登場し、上方落語にゆかりが深い場所としても知られています。また、落語「崇徳院」の中に出てくる「若い男女が高津宮の茶店で出会う」というストーリーから、この茶店を境内に再現したのが富亭カフェ。高津宮ならではの縁結びパーティーも開催され、人気があります。

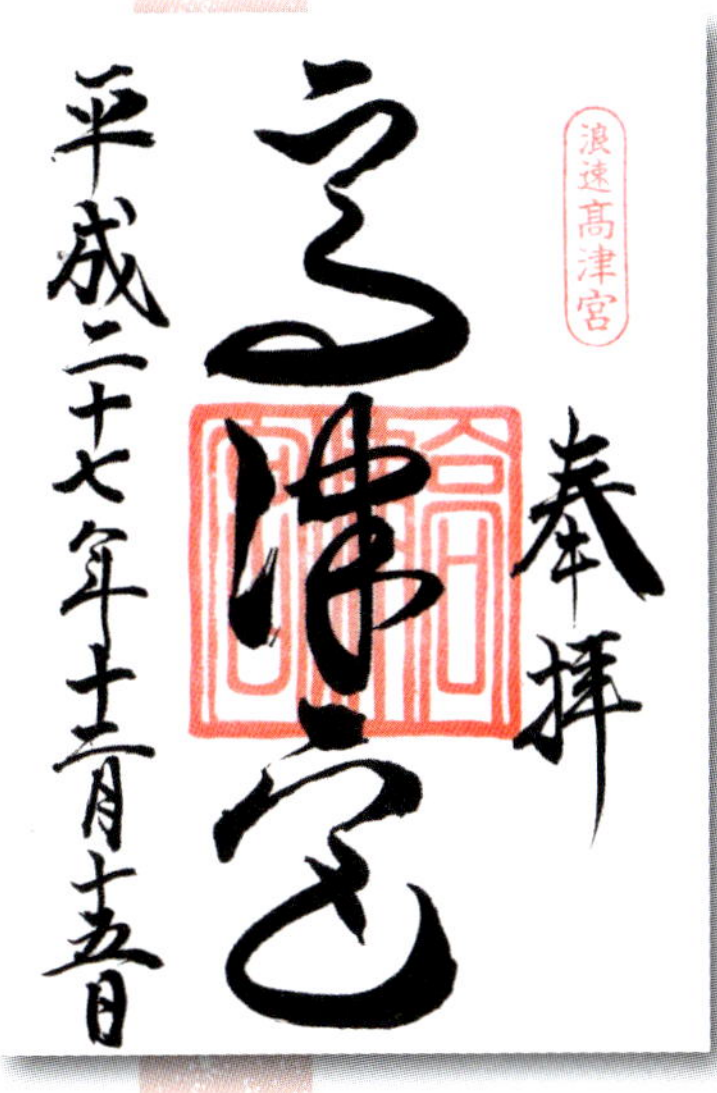

◀右に浪速高津宮の印、中央に神社の角印が押され、高津宮の文字が書かれています。300円

ストラップ型で小さな鈴が付いた「えんむすび守」各800円

常に身につけて身体健康を祈願する「錦守」各800円

安井稲荷「安産御守」800円

唯一戦火を免れて現在も残る神輿庫。大神輿・小神輿各2基を格納する

江戸時代は眺望の名所で、茶店があった絵馬堂

上方落語に登場する場所であり、ここで落語会をしていたことから建てられた五代目桂文枝の碑

Access

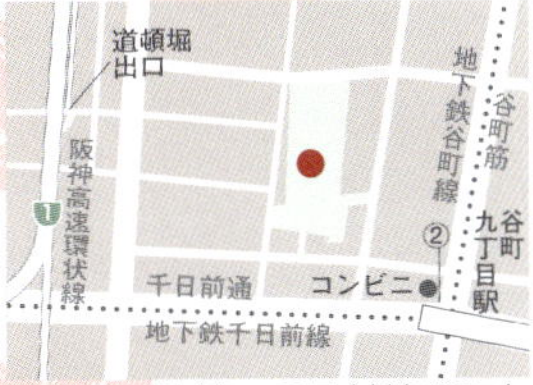

地下鉄谷町線・千日前線谷町九丁目駅2番出口より5分

い・ち・お・し！

【相合坂（良縁の坂）】

横から見ると二等辺三角形で、両側から上って頂点でピタリと出会うと好相性。本殿にお参りしたあと絵馬堂横の西坂（縁切り坂）を下り、男性は南、女性は北から相合坂を上るのが、高津宮の良縁参拝順路です！

大阪

全興寺《せんこうじ》

商店街の中からお寺に入ることができ、ぶらりとお参りに来る人も多い

Information

電　話　06-6791-2680
住　所　大阪市平野区平野本町 4-12-21
参拝時間　8：30 ～ 17：00
参拝料　なし
駐車場　4 台（無料）
H　P　http://www.senkouji.net/

ぶらりとお参りできる歴史ある町を見守る寺

　１４００年前、聖徳太子が平野の地に薬師堂を建てたのが全興寺の草創。そこから人々が住み始め、平野の町が形づくられていきました。ご本尊の薬師如来が祀られている本堂は、１６１５年に大坂夏の陣で一部を焼失しましたが、１６６１年に再建され、大阪府下では古い木造建築の一つです。本堂に安置されている「首の地蔵尊」は、大坂夏の陣で幸村が家康にしかけた地雷の爆発によって飛んできたといわれる地蔵尊です。

　たびたびマスコミでも紹介され、遠くからも多くの人が訪れる「地獄堂」では、音と映像で地獄を体感することで、子どもたちに「命を大切にしなければならない」というメッセージを伝えています。また、境内にあった石仏を収めた「ほとけのくに」では、水琴窟の音色に癒されながら、心を落ち着けて瞑想することができます。

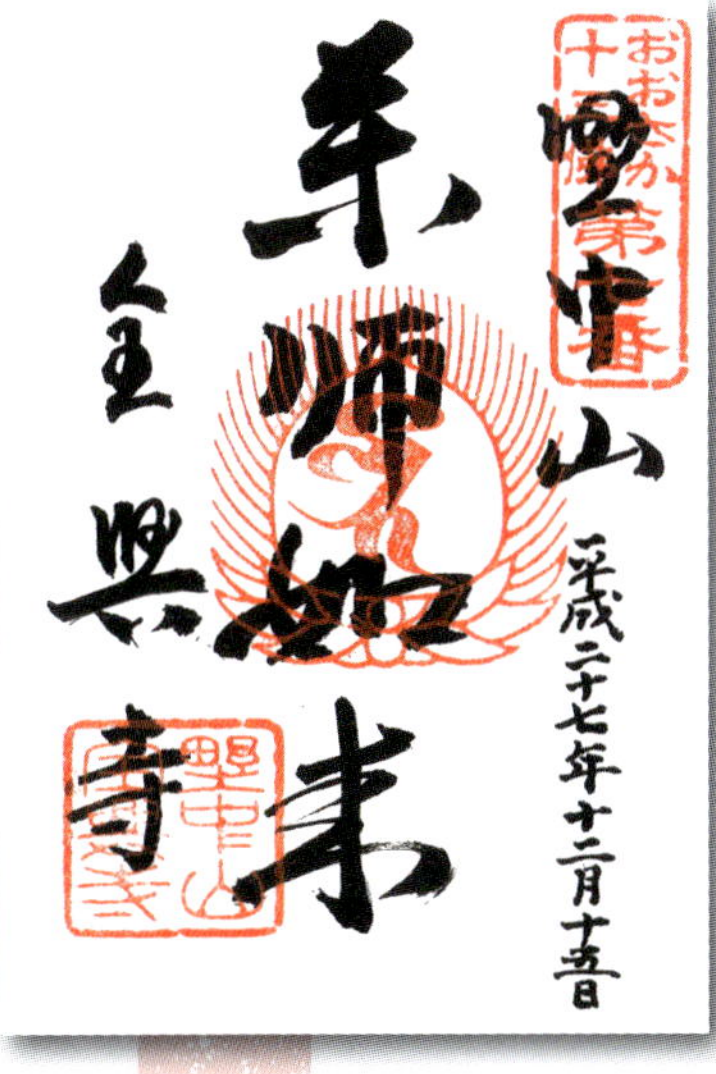

◀右に山号の野中山の文字、中央にご本尊の薬師如来の梵字が入った宝印が押され、薬師如来の文字が書かれています。300円

身体健全を祈願する薬師如来守護カード 800円

えんま大王の 3D キーホルダー 600円

薬師如来の掌（たなごころ）水晶念珠 2000円

一願不動尊の「一願成就」絵馬 500円

幸福おにストラップ 600円

ご本尊の薬師如来が祀られた本堂。
毎年1月8日と中秋の名月の夜に開帳する

銅鑼を鳴らすと始まる映像とナレーション。「命を粗末にしない」というメッセージが伝わる

静かな地下にある「ほとけのくに」は、石仏に囲まれた曼荼羅に座って瞑想する空間

Access

地下鉄谷町線平野駅より 10分、
JR 関西本線平野駅より 13分
車／阪神高速松原線駒川出口より 8分

い・ち・お・し！

【駄菓子屋さん博物館】

大阪の中で最も早く開けた平野ならではの取り組み「平野町ぐるみ博物館」。全興寺の境内には、昭和 20 ～ 30 年代に駄菓子屋さんに並んでいたおもちゃを集めた博物館があります（土日・祝日 9：00 ～ 17：00 開館）。

大阪

今宮戎神社《いまみやえびすじんじゃ》

普段は静かな今宮戎神社の本殿。1月9日から11日の十日戎には、大勢の人で賑わう

Information

電　話　06-6643-0150
住　所　大阪市浪速区恵美須西 1-6-10
参拝時間　7：00 ～ 17：00
参拝料　なし
駐車場　なし
H　P　http://www.imamiya-ebisu.jp/

商売繁盛の神様として大賑わいの「えべっさん」

聖徳太子が四天王寺建立の際、西の守護神として建てられたのが始まりと伝えられています。鯛と釣竿を持つ戎さまの姿からもわかるように、もとは漁業の守り神で、海からの幸をもたらす神様の象徴でした。かつては海岸沿いにあり、産物の交流が盛んだった場所で、平安後期には四天王寺正門に浜の市が立ちました。その市の守り神として戎さまが祀られるようになり、時代の流れとともに市場の隆盛が商業を発展させたことから、商売繁盛を祈念する神様として信仰されるようになりました。

江戸期には商業の町として一層の繁栄を遂げた大阪の町とともに、大阪の商業を護る神様として、さらに信仰を集めました。この頃から賑わいみせていた十日戎は、ますます盛大になっていき、現在では、一年最初のお祭りとして、３日間の参拝者は、毎年１００万人を超えています。

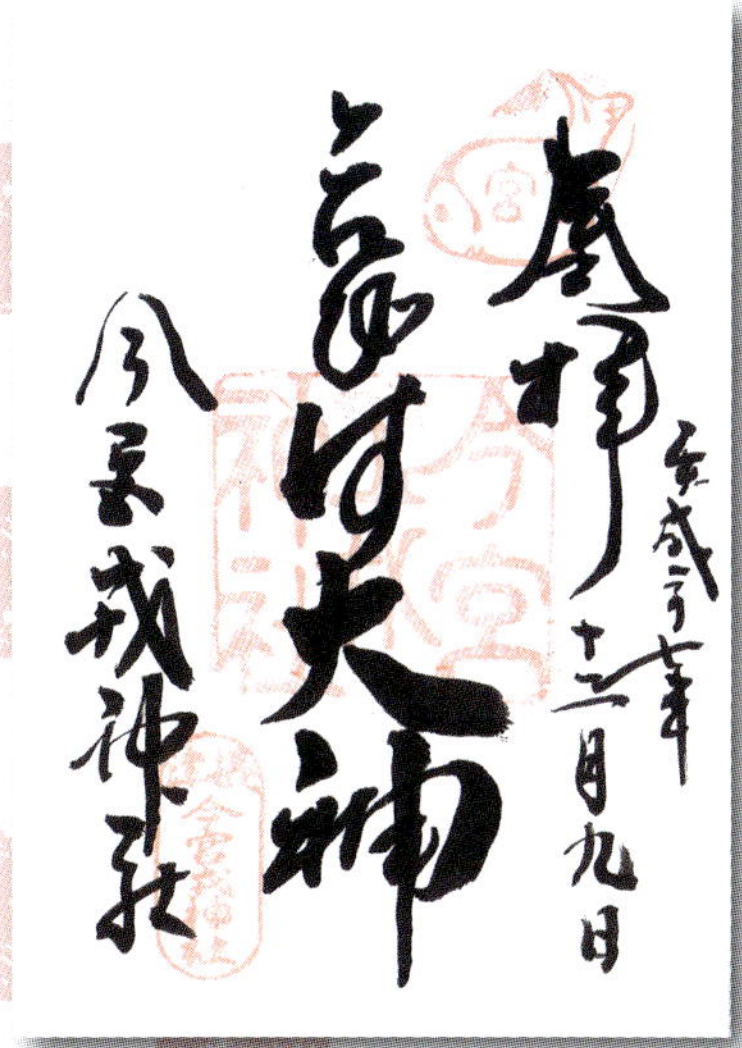

◀中央にはえびす大神の文字と角印、右上には尾が上を向いた鯛の印が押され、中に今宮と書かれています。300円

えべっさんと福娘の飾りがついたお守り。1500円

「かき集めた福を集める」福よせ 1500円

「福をかき集める」熊手戎 1500円

えべっさんと笹が描かれた絵馬 1500円

えべっさんが描かれた福小判 300円

大国主命を祀る摂社、大国社

本殿の正面には額に入った鯛の絵が飾られている

1956年に竣工された本殿の柱。十日戎の参拝者が離れたところから力いっぱい投げたお賽銭があたって付いた傷がたくさん

Access

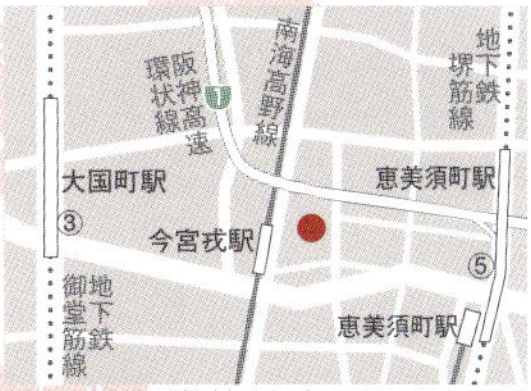

地下鉄御堂筋線大国町駅3番出口または堺筋線恵美須町駅5番出口より5分、南海高野線今宮戎駅よりすぐ

い・ち・お・し！

【銅鑼たたき】

えべっさんが耳が遠いという由縁から江戸時代は壁を叩いて、十日戎が終わる頃には壁が壊れていたそう。現在は銅鑼に変わり、正面で拝んだあと裏に回り、最後に念押しの意味を込めて、銅鑼を手で叩きます。

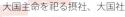

大阪

少彦名神社《すくなひこなじんじゃ》

社殿は 1910 年建立。1980 年に修復し、200 年祭が行なわれた

Information

電　話　06-6231-6958
住　所　大阪市中央区道修町 2-1-8
参拝時間　8：00 〜 18：30（社務所は 9：00 〜 17：00）
参拝料　なし
駐車場　なし
H　P　http://www.sinnosan.jp/

無病息災を願う　くすりの町の「神農さん」

豊臣秀吉の時代から薬種業者が集まっていた大阪の道修町《どしょうまち》。当時は中国の唐薬種が多かったことから、古代中国最初の統治者だった神農氏を祀っていました。そののち幕府は道修町の薬種屋に株仲間として全国に薬を供給する特権を与えました。人命にかかわる薬を神のご加護によって護り、商売繁盛を祈願するために、１７８０年、日本の薬の神様である少彦名命《すくなひこなのみこと》を神農氏とともに祀ったのが始まりです。

１８２２年、大阪でコレラが流行した時、疫病除薬として虎の頭骨を配合した丸薬を作り、祈祷をして配布しました。これにちなんで、病除祈願のお守りとして張子の虎が授与されるようになりました。

毎年11月22・23日に行われる「神農祭」は大阪の一年で最後のお祭り。5万人もの人出でにぎわい、２００７年には、大阪市無形文化財に指定されました。

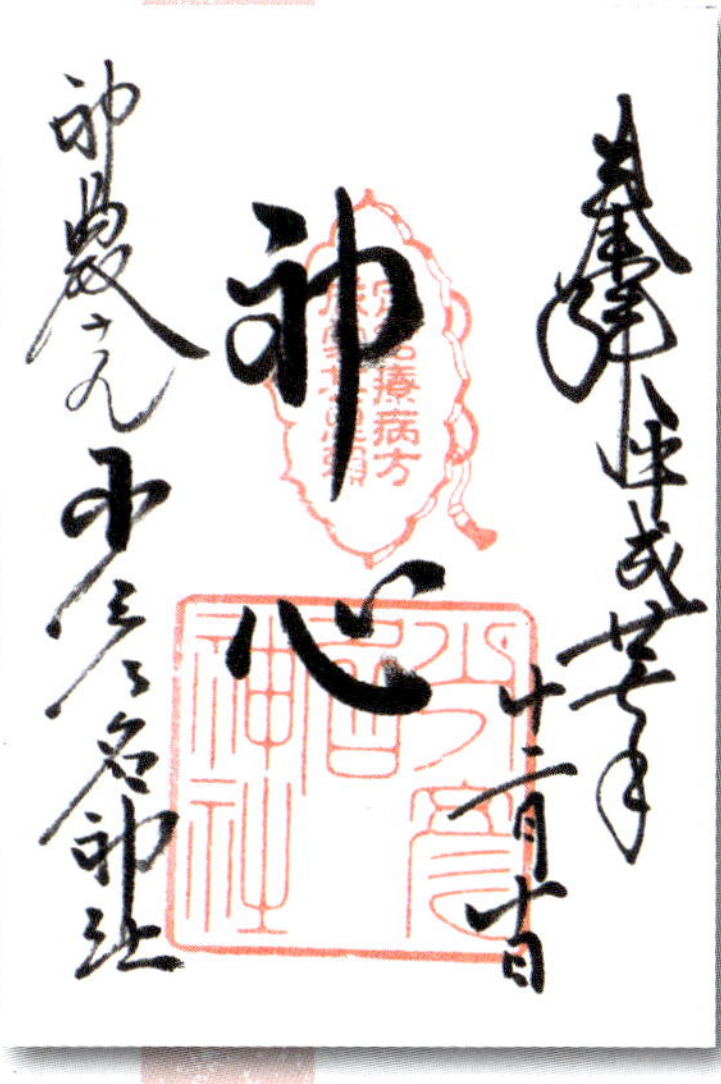

◀日本書紀に残っている少彦名命のご神徳のことば「定給療病方咸蒙」の印と角印が押され、「神心」の文字が書かれています。300円

五葉笹と張子の虎が描かれたお守り各800円

ペットの健康成就のお参りも多く、お守りや絵馬もある。各1000円

健康成就と厄除けの「吉兆絵馬根付」各1000円

張子の虎と笹を描いたオリジナルのご朱印帳。各1800円（ご朱印代含む）

大阪で行われる一年最後の祭で、とめの祭といわれる「神農祭」。道修町通りにたくさんの露店が並ぶ

境内にしっかりと根を下ろした樹齢130年のご神木

神農さんのシンボルでもある張子の虎がいろいろ。神農祭には、五葉笹に付けられた張子の虎が授与される

Access

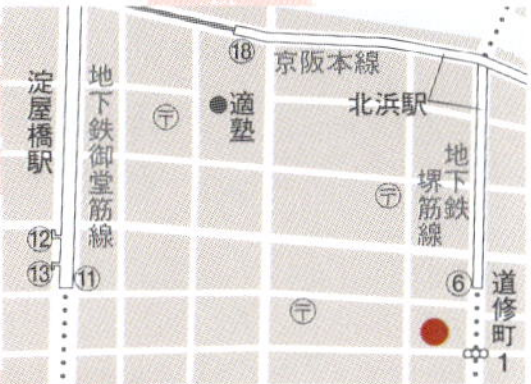

地下鉄堺筋線北浜駅6番出口より3分、御堂筋線淀屋橋駅11番出口より6分、京阪本線北浜駅18番出口より8分

い・ち・お・し！

【くすりの道修町資料館】

社務所の3階にある資料館。くすりの町として栄えてきた道修町のあゆみと少彦名神社とのかかわりや、道修町の今昔をモニターや映像でわかりやすく紹介しています。観覧無料、10：00～16：00、日曜・祝日休館

大阪

難波八阪神社《なんばやさかじんじゃ》

もとは寺院もあったが、神仏分離により郷社となった難波八阪神社

Information

電　話　06-6641-1149
住　所　大阪市浪速区元町 2-9-19
参拝時間　6：00 ～ 17：00
参拝料　なし
駐車場　なし
H　P　http://nambayasaka.jp/

巨大な獅子殿は大阪ならではのインパクト

仁徳天皇時代に悪病が流行し、牛頭天王《ごずてんのう》を祀ったのが神社の始まりといわれる難波八阪神社は、「難波下の宮」と称した難波一帯の産土神《うぶすながみ》でした。ご祭神は、素戔嗚尊《すさのおのみこと》、奇稲田姫命《くしなだひめのみこと》、八柱御子命《やはしらみこのみこと》。素戔嗚尊が八岐大蛇《やまたのおろち》を退治したことから始まったと伝わる綱引神事は、『摂津名所図会』や『摂津名所図会大成』にも描かれています。

１９７４年に完成した高さ12メートル、幅11メートル、奥行き10メートルの大きな獅子殿は、目がライト、鼻がスピーカーになった巨大な獅子舞台。内部神殿にご祭神の素戔嗚尊の荒御霊を祀っています。獅子の大きな口で「邪気を飲みこみ勝運（商運）を招く」ということから、勝負の神様としてスポーツ選手や受験生などの参拝者がたくさん訪れるほか、日本初の和歌が詠まれたことから、芸能関係者のお参りも多いそうです。

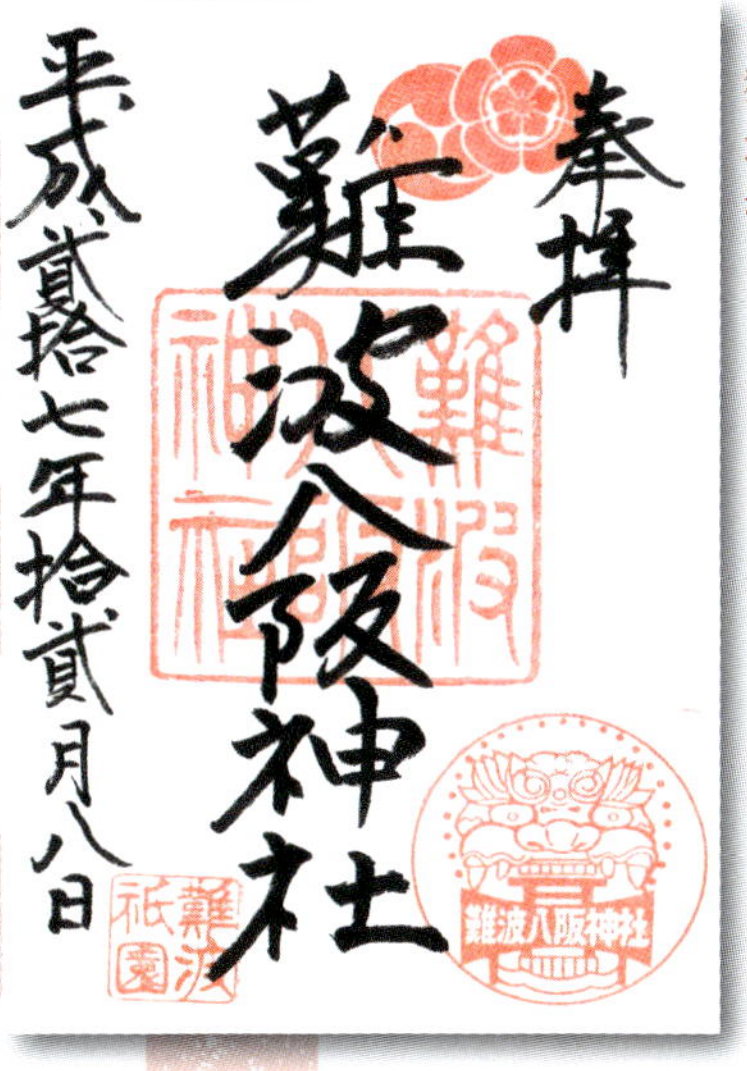

◀中央に神社名と神社の角印。右下に獅子殿の印と、祇園牛頭天王を祀り「難波祇園」とよばれていることから、祇園紋が押されています。300円

鯛のしっぽに入ったおみくじ「一年安泰」各300円

獅子が描かれた絵馬は外国人にも人気。500円

厄除・開運の獅子守 500円

巨大な獅子殿。獅子の源流はスフィンクスで、インド、中国と仏教伝来とともに最終地の日本で獅子の形ができたそう

誠実な人柄で住民から慕われ、現在の木津市場開設に尽力した大坂代官・篠山十兵衛景義を祀った篠山神社

境内には、摂社の篠山神社をはじめ、4社の末社が鎮座する

Access

各線難波駅より6〜8分、地下鉄御堂筋線・四つ橋線大国町駅2番出口より7分

い・ち・お・し！

【綱引神事】

綱引きで勝った方がその年の福を得るという年占いの行事で、江戸時代後期の『摂津名所図会』に描かれています。現在は、1月第3日曜に行われ、2001年、大阪市の無形民俗文化財に指定されました。

大阪

太融寺《たいゆうじ》

1960 年に再建された本堂。新西国三十三所霊場第二番札所、
おおさか十三仏霊場第八番札所でもある

Information

電　　話　06-6311-5480
住　　所　大阪市北区太融寺 3-7
拝観時間　8：00 ～ 17：00
拝 観 料　なし
駐 車 場　なし
H　　P　http://taiyuji1.web.fc2.com/

都会の真ん中にある古い歴史をもつお寺

８２１年、嵯峨天皇の勅願により弘法大師が創建。当時この辺りは海に近い砂浜で、曽根崎より向こう側は松島のような八十八島だったとか。本坊を建てるときに掘ったところ、貝殻が出てきたそうです。ご本尊の千手観世音菩薩は嵯峨天皇の念珠仏だといわれ、その後、左大臣の源融公が七堂伽藍を建立。大寺院だった当時、名刹として拝観者で賑わっていました。太融寺の寺名は源融公に由来しているとされ、境内をあらわす名称は、太融寺町、堂山町、神山町など、現在の地名に残っています。

１９４５年の空襲ですべて焼けてしまいましたが、ご本尊は高野山にあり、難をまぬがれました。戦後再建が始まり、本堂、大師堂、一願堂、護摩堂、宝塔など、20余棟が復興しました。境内には、明治時代に淀姫神社から移された淀殿の墓や芭蕉の句碑などがあります。

◀中央に書かれている「大悲殿」の「大悲」には、ご本尊の千手観世音菩薩が、どんな時でもあらゆる手で苦しみを抜き取ってくれるという意味があります。300 円

五色の瓢箪が五臓の健康を守る「五色無病息災瓢箪」500 円

お守り各 1000 円

瓢箪のストラップ各 500 円

家運隆盛・子孫繁栄・無病息災の祈祷がこめられた「開運千生無病瓢箪」500 円

ご本尊の千手観世音菩薩。年に 1 度、毎年 1 月 18 日に開帳される

恋愛成就、商売繁盛のご利益がある白竜社（巳さん）には、女性の参拝者が多い

大阪城落城によって、息子秀頼とともに自刀した淀殿の墓。9 層あった石塔が空襲で 6 層になった

Access

JR 大阪駅または各線梅田駅より 5 ～ 10 分

い・ち・お・し！

【一願堂】

ほの暗いお堂の奥に、一願不動尊（不動明王）を祀っています。ご利益は、一つだけの願いをかなえてくれるという一願成就。毎年 5 月 28 日に年に一度の紫灯大護摩が行なわれます。近畿三十六不動尊霊場第六番札所。

本殿は「生國魂造」と呼ばれるほかに例がない日本唯一の建築様式。
本殿と幣殿が一つの屋根でつながり、3つの破風を設えている

大阪

生國魂神社《いくたまじんじゃ》

Information

電　　話　06-6771-0002
住　　所　大阪市天王寺区生玉町 13-9
参拝時間　6：30 ～ 17：00（季節により変動あり、社務所は 9：00 ～ 17：00）
参 拝 料　なし
駐 車 場　50 台（無料）

大阪の文化を育んだ難波大社いくたまさん

大阪で一番古い神社で、約2700年の歴史があります。主祭神の生島《いくしま》大神と足島《たるしま》大神は日本列島そのものの神様で、大地に生を受けるすべてのものを守護。のちに相殿神として大物主大神を祀り、日本の根源的な神社として長い歴史を歩んできました。大阪湾が生駒山の麓まで入り組んでいた当時、真ん中にあった大きな岬の突端が現在の大阪城付近で、そこに神武天皇が主祭神を祀ったことが始まりとされています。大阪城築城のため、1583年、この地に移り、国土の守護神、大阪の総鎮守として崇敬されています。

生國魂神社は町民文化が発達した大阪の中心として、様々な芸能を披露する場となりました。大阪三大祭りのトップを切って7月11·12日に行われる「生國魂祭」には20万人の来場があり、12日の本宮には大阪城までの巡行が行なわれます。

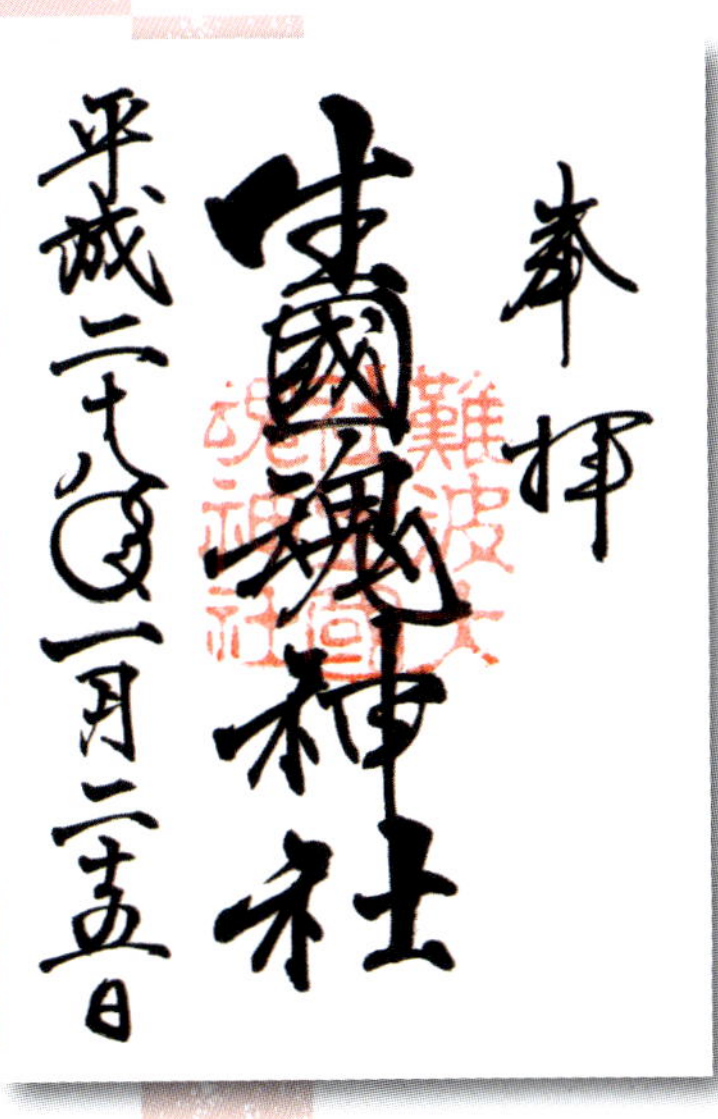

◀中央に「難波大社生國魂神社」の印が押され、神社名が書かれています。1月の初詣期間には、60年で一巡する干支朱印も授与されます。各300円

願いを込めながら自らの手でお守り袋に水晶を納めて持つ「いくたま守」1500円

三つ巴と橘の神紋を描いた「御守」各1000円

「旅守」1000円

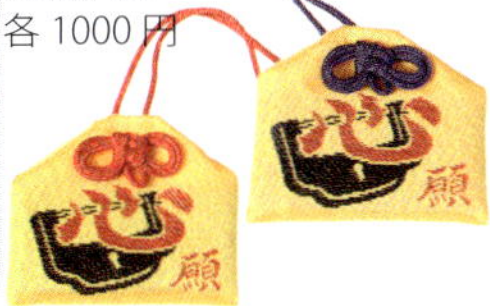

「心願守」各1000円

芸能上達祈願の絵馬（浄瑠璃神社）1000円。ほかに8種類の絵馬がある

淀姫ゆかりの鴨野神社（淀姫社）。女性の守護神として、心願成就に縁結び、悪縁切りまで崇敬が篤い

近松門左衛門をはじめ、文楽関係者を祀る浄瑠璃社。芸能の神様として信仰されている

井原西鶴の像。一昼夜で4000句を読み上げた矢数俳諧を称え、ゆかりの場所に座像が建てられた

Access

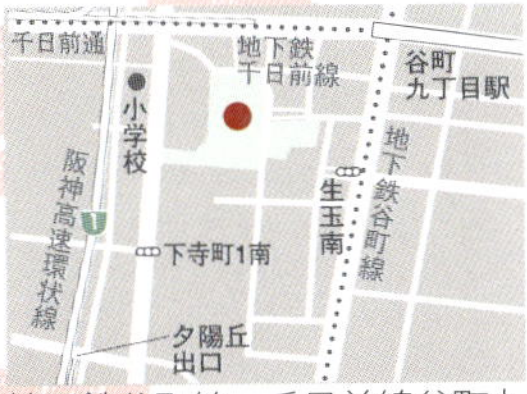

地下鉄谷町線・千日前線谷町九丁目駅3番出口より4分
車／阪神高速環状線夕陽丘出口より5分

い・ち・お・し！

【織田作之助の像】

代表作の『夫婦善哉』など、大阪を愛し、大阪をリアルに描いた織田作之助の生誕100年を記念して2013年に建立。井原西鶴を師と仰ぎ、視線の先に西鶴の像が見えるように、この場所に建てられたそうです。

豊臣秀頼によって再建された朱塗りの本堂

大阪

勝尾寺《かつおうじ》

Information

電話　072-721-7010
住所　箕面市勝尾寺
参拝時間　8：00 〜 17：00（土曜は〜 17：30、日曜・祝日は〜 18：00）
参拝料　400 円
駐車場　350 台（2 時間 500 円）
HP　http://www.katsuo-ji-temple.or.jp/

あちこちにダルマの姿 山に囲まれた勝運の寺

大阪北部に位置し、明治の森箕面国定公園の中にある古刹、勝尾寺。奈良時代末期の727年、善仲・善算の双子兄弟が草庵を構えたことに始まり、その後、光仁天皇の皇子、開成が二人と出会い弥勒寺を創建。780年に妙観という仏師が身丈八尺の十一面千手観音菩薩を彫刻し御本尊として安置。7月18日〜8月18日の間に彫刻されたことから、日本全国18日が観音縁日に定められました。のちに、六代座主行巡上人が清和天皇の病気平癒を祈願し、効験があったことから、「王に勝った寺」の意味で「勝王寺」の寺号を賜りましたが、寺側は畏れ多いと王を尾にひかえ、「勝尾寺」となりました。

試験やスポーツなどあらゆる勝負事にご利益がある勝運の寺として信仰され、勝運を掴み取った証として、たくさんの勝ちダルマが奉納されています。

◀中央に観音様の梵字を収めた宝印が押され、観音様が祀られた殿堂を意味する「大悲殿」の文字が書かれたご朱印。300 円

「勝」の一文字が力強い「勝守」各 700 円

ダルマ鈴（赤・金）
各 500 円

「勝運目出しダルマ守」
700 円

「勝運だるま守」
700 円

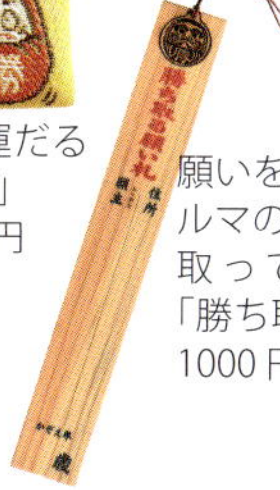

願いを書いて、ダルマの部分を抜き取って持ち帰る「勝ち取る願い札」
1000 円

境内のあちこちにおみくじのダルマが置かれている

日本で最初の厄払い三宝荒神

奉納棚。願いが叶った勝ちダルマがぎっしりと並ぶ

厄を落とす「厄除けの鐘」。鐘の音が山に響き渡る

Access

北大阪急行千里中央駅より阪急バス 29 系統で勝尾寺下車すぐ。阪急箕面線箕面駅よりタクシーで 15 分
車／名神高速道路茨木 IC より 20 分

い・ち・お・し！

【山門（仁王門）】

朱塗りの山門は豊臣秀頼が再建。門をくぐり、弁天池に架かる橋を渡って多宝塔を見上げながら本堂への階段を上ります。紅葉シーズンの 11 月にはライトアップされ、山門にも灯りがともって幻想的な雰囲気に。

大阪

総持寺《そうじじ》

西国第二十二番札所でもある高野山真言宗のお寺

Information

電　話　072-622-3209
住　所　茨木市総持寺 1-6-1
拝観時間　6：00 ～ 17：00（納経所は 8：00 ～）
拝 観 料　なし
駐 車 場　20 台（500 円）
H　P　http://www.sojiji.or.jp/

料理技術の上達と「食福円満」を祈願

亀に乗った観音様のお寺として有名な総持寺。開山・藤原山蔭卿が、幼いころ川に落ちて行方不明になりましたが、大きな亀の背中に乗って戻ってきたそうです。その亀が、父の高房卿が観音様の縁日で助け逃がしてやった大亀であったことは、今昔物語に「亀の報恩」という話で出てきます。高房卿は観音様の像立を発願して亡くなりますが、遺志を継いだ山蔭卿が像立した千手観世音菩薩は、亀の背中に乗った姿。境内中央の池に亀がたくさんいるのも、その縁起によるものといわれています。

料理の名人でもある山蔭卿は、日本庖丁道の祖。毎年4月18日には、古式に則った「山蔭流庖丁式」が執り行われ、全国の調理師から信仰を集めています。また、総持寺は動物にゆかりの深いお寺であることから、ペットの健康祈願や供養も行なわれ、ペット納骨供養塚には花が絶えません。

◀中央に亀に乗ったご本尊の宝印が押され、ご本尊の観音様が安置されている殿堂を意味する「大悲殿」の文字が書かれています。300 円

お守り
各 700 円

亀をモチーフにしたストラップ各 700 円

ペットのお守り
各 700 円

かりんとう「亀の恩かえし」は、おみやげに人気。400 円

ご本尊である千手観音菩薩が安置されている本堂は、豊臣秀頼によって再建された

四国八十八所、西国三十三所のお砂踏み

お釈迦様の弟子、賓頭盧尊者（びんずるそんじゃ）の像。患っているところを撫でると治るといわれ、撫で仏とも呼ばれている

Access

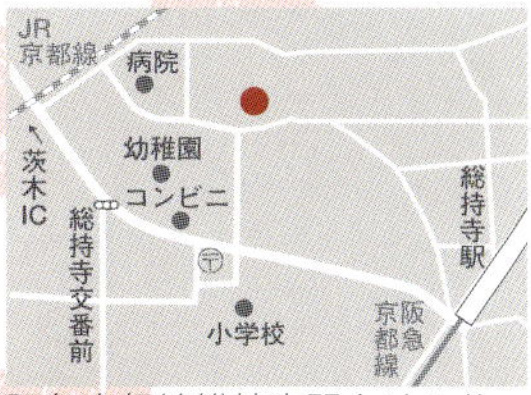

阪急京都線総持寺駅より 5 分
車／名神高速道路茨木 IC より 10 分

い・ち・お・し！

【包丁塚】

料理人の包丁はもちろん、使えなくなった家庭の包丁も感謝を込めて奉納する包丁塚。本堂前の池のそばには懸造り（かけづくり）の開山堂があり、4 月 18 日に山蔭流庖丁式が執り行われます。

大阪

葛井寺《ふじいでら》

桃山時代の様式を伝える四脚門（西門）は、葛井寺で現存する最古の建造物で国の重要文化財

Information

- 電　話　072-938-0005
- 住　所　藤井寺市藤井寺 1-16-21
- 拝観時間　8：00 ～ 17：00
- 拝観料　なし（毎月 18 日の本尊拝観は 500 円）
- 駐車場　なし
- H　P　http://www.geocities.jp/saikoku33_5/

藤の香りが漂う寺に千の手をもつ観音様

百済王族の子孫にあたる白猪氏（後に葛井に改姓）の氏寺として創建されたと伝えられています。度重なる戦災や地震などで倒壊しますが、多くの人たちの尽力で再建を繰り返してきました。ご本尊は、十一面千手千眼観世音菩薩坐像。１３００年近くの歴史があり、脱活乾漆法で作られた天平時代の代表的な仏像として、国宝に指定されています。合掌する2本の手のほかに中の手40本、小の手１００１本を持ち、目が描かれたそれらの手によって、いかなる苦難も救ってくれると、篤く信仰されています。毎月18日に開帳され、近くで見ることができます。

駅前から続く商店街の近くにあり、散歩がてらぶらりと気軽にお参りができる葛井寺。4月下旬から5月のシーズンには、境内が藤の花の香りに包まれ、藤まつりも開催されます。

◀中央に観音様の梵字を収めた宝印が押され、観音様を祀る殿堂を意味する「大悲殿」の文字が書かれています。300円

安産守 800円。祈願も受け付けている

ご本尊御影入りのお守り
各1000円

手袋状の慈眼視衆生（じげんじしゅじょう）。真言を唱えながら痛いところをさすり、眠るときは枕の下におく。
1000円

みくじダルマ各300円

土地清浄、開運招福の吉祥塩 300円

存在感のある南大門は、江戸時代に再建された

紫雲閣の大広間に飾られているご本尊・千手千眼観世音菩薩の油絵は、旧一万円札の聖徳太子などを描いた著名な画伯により奉納されたもの

珍しい三葉松が現れる旗掛けの松

Access

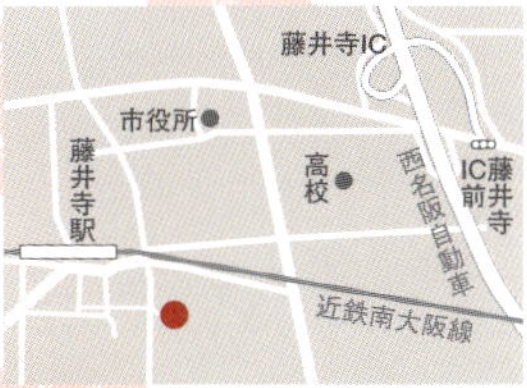

近鉄南大阪線藤井寺駅より6分
車／西名阪自動車道藤井寺ICより15分

い・ち・お・し！

【葛井寺の葛餅】

西国三十三所の各札所で名物のお菓子を食べ歩く「スイーツ巡礼」。葛井寺では、境内にあるお茶処ヴィクリディタ サマデで葛餅が食べられます（お茶付き550円、抹茶付き850円）。持ち帰り用は670円と1340円。

Confidence cafe《コンフィデンスカフェ》

From 住吉大社

レトロな温かみのある町家カフェ。昭和9年に建てられた長屋で、建具など、当時のものも残る。ひとりでもゆっくりできる雰囲気の店内では、ドリンクやスイーツのほか、ごはんメニューもそろう。なかでも、ユニークな名前の和風テイストのカレー、「月見とろろカレー番長」は、まかないから定番になった人気メニュー。

食べる

住：大阪市住吉区長峡町8-10
電：06-6616-7839
営：11:00～18:00（17:30LO）
休：水・木曜　**P：**なし
アクセス：南海住吉大社駅より4分
HP：http://confidencecafe.blog71.fc2.com/

★月見とろろカレー番長780円、フレンチトースト580円

四天王寺 西むら《してんのうじにしむら》

From 四天王寺

なにわ伝統野菜の漬物専門店。有名な泉州水茄子をはじめ、四天王寺近辺にも畑が多かったという天王寺蕪、大根本来の甘味と辛味をもつ田辺大根、栄養価の高い毛馬胡瓜、大阪しろななどが並ぶ。余分な調味料を加えず素材の味を大切にした漬物からは、それぞれの野菜がもつ本来のおいしさがダイレクトに伝わる。

★野菜そのものの味がおいしい、なにわ伝統野菜の漬物

買う

住：大阪市天王寺区四天王寺1-12-10
電：06-6772-6655
営：11：00～18：00
休：なし　**P：**なし
アクセス：地下鉄谷町線四天王寺夕陽丘駅より4分
HP：http://www.shitennoji-nishimura.com/

よ・り・み・ち①

浪芳庵《なみよしあん》 本店《ほんてん》

From 今宮戎神社

　安政5年創業の老舗和菓子店。人気の炙りみたらしは、直火で炙った餅に利尻産の昆布でとっただしと湯浅のたまり醤油を煮詰めたトロリとしたたれで仕上げ、香ばしさと甘さがマッチしておいしい。本店には工房とカフェスペースが併設され、できたてがその場で食べられる。ほかにも、生・上生菓子、焼き菓子など各種。

★できたてが食べられる炙りみたらし。1本100円

買う

住：大阪市浪速区敷津東1-7-31
電：06-6641-5886
営：10：00～18：30
休：なし　**P**：3台
アクセス：地下鉄御堂筋線・四つ橋線大国町駅1番出口より5分
HP：http://www.namiyoshian.jp/

買う　見る

住：大阪市天王寺区四天王寺1-14-16
電：06-4305-8222
営：9:00～17:30（土日・祝日は10：00～）
休：第2・4月曜（工房は日曜・祝日休み）
P：3台（四天王寺内）
アクセス：地下鉄谷町線四天王寺夕陽丘駅より4分

大阪綜合美術《おおさかそうごうびじゅつ》

From 四天王寺

　掛け軸や巡拝用品の製造・直売店。1階ではお参りに必要な品々がそろい、全国の卸でもある掛け軸を安く買うことができる。2階はショールームで、3・4階は工房。表装や修復を行なっており、随時見学もできる。オリジナルの「千枚通し弘法茶」は、熱湯を注ぐと御宝号を彫った昆布が現れる。お参りのおみやげとしても大人気。

★千枚通し弘法茶は、3包入り230円、12包入り880円、30包入り2000円

マナビ舎カフェ《マナビやカフェ》 一心茶房《いっしんちゃぼう》

From 難波八阪神社　法善寺

　難波の街中とは思えない細い路地の中。靴を脱いで2階に上がると、ちゃぶ台や座布団が並び、普通の家のような雰囲気で落ち着く。日替わりの定食やスープ、カレーなどのランチ、15時からのフレンチトースト、17時からの夜ごはんなど、どの時間でもゆっくりできる。1階では雑貨やテイクアウトの蒸しパンも販売。

★スープランチ800円、フレンチトースト600円

食べる

住：大阪市浪速区元町1-2-22
電：080-6118-1138
営：11：30～21：00（土日・祝日は～18：00）
※変更の予定あり
休：月曜、不定休
P：なし
アクセス：各線難波駅30番出口よりすぐ（各駅から30番出口まで5～10分）、JR難波駅より3分
HP：http://tyabou.exblog.jp/

アンズ舎《アンズや》

From 大阪天満宮　太融寺　露天神社

大阪天満宮の門前にあるカフェ。ドアを開けると、芳しい香りが漂うコーヒーは、カウンター越しに目の前で、サイフォンで淹れる。人気のスコーンやスイーツもいろいろ。テイクアウトの自家製焼き菓子も並ぶ。店内には作家さんの雑貨も置かれ、奥のテーブルスペースでは、ワークショップなどのイベントも開かれる。

★気まぐれパンの定食 1000 円

食べる

住：大阪市北区天神橋 1-18-19
メ：anzuya02012@gmail.com
営：11：00 ～ 20：00（19：30LO）**休**：月曜、日曜・祝日不定休　**P**：なし
アクセス：地下鉄谷町線・堺筋線南森町駅 4 番出口または JR 東西線大阪天満宮駅 3 番出口より 4 分
HP：http://anzucolocolo.blog.fc2.com/

天満天神 MAIDO 屋《てんまてんじんマイドや》

From 大阪天満宮　太融寺　露天神社

「大阪のええとこを再発見して、もっと好きになってほしい」と、大阪でこだわりをもって作られたものだけを集める。ガラス発祥の地・天満の最後の職人が作る「天満切子」や、かつての名水、天神さんの地下水を復活させた「天満天神の水」をはじめ、幻のソースや懐かしのお菓子、手ぬぐいなどがぎっしりと並ぶ。

買う

住：大阪市北区天神橋 2-1-23
電：06-6882-3361
営：10：00 ～ 19：00
休：なし　**P**：なし
アクセス：地下鉄谷町線・堺筋線南森町駅 4 番出口または JR 東西線大阪天満宮駅 3 番出口より 3 分
HP：http://maidoya.jp/

★最近のイチオシ、大阪生まれの「だしまきだし」432 円

浅野日本酒店《あさのにほんしゅてん》

From 太融寺　露天神社　大阪天満宮

全国から 100 種類を超えるラインナップの純米日本酒専門店。なかでも大阪の地酒の品ぞろえが充実し、珍しい銘柄など 20 種類以上がそろう。酒器やツマミなど、お酒をおいしく飲むためのあれこれも。店内には立ち飲みスペースがあり、16 時までなら 3 種類の日本酒にツマミ付きの利き酒セットで昼飲みが楽しめる。

★利き酒セット 600 円（16：00 以降はお酒のみで 800 円）

食べる　買う

住：大阪市北区太融寺 2-17　太融寺ビル 1 階
電：06-6585-0963
営：11：00 ～ 23：00
休：なし　**P**：なし
アクセス：JR 大阪駅、各線梅田駅より 10 ～ 15 分
HP：https://www.facebook.com/asanonihonshuten/

Cacaotier Gokan《カカオティエ ゴカン》 高麗橋本店《こうらいばしほんてん》

From 少彦名神社　露天神社

洋菓子ブランド「五感 GOKAN」のチョコレートショップ。お菓子作りにこだわり、生産地に足を運んで生産者から直接手にするカカオ豆から熟練の職人技で作る新しい感覚のチョコレートが並ぶ。2階のサロンでは、1階のチョコレートをはじめ、パフェやカカオティーなど、サロンならではの限定メニューも楽しめる。

★おみやげにもおすすめのカカオサンド。1個 378円

買う

住：大阪市中央区高麗橋2-6-9　**電：**06-6227-8131
営：10：00 ～ 20：00（日曜・祝日は～ 19：00）※サロンは閉店 30 分前 LO
休：なし　**P：**なし
アクセス：地下鉄堺筋線北浜駅 6 番出口より 3 分、御堂筋線淀屋橋駅 11 番出口より 5 分
HP：http://www.patisserie-gokan.co.jp/

★クラシカルな雰囲気の2階サロン

門前茶屋《もんぜんちゃや》 おもろ庵《おもろあん》

From 全興寺

全興寺の横にある門前茶屋。古民家を使った和の空間で、玉露や煎茶、ほうじ茶などの日本茶が味わえる。おもろ庵は「平野町ぐるみ博物館」のパズル博物館でもあり、平野の町づくりに長く関わっている店主に、平野の町や町歩きの魅力などを教えてもらうのも楽しい。

食べる

住：大阪市平野区平野本町 4-12-21
電：090-8141-5989
営：10：00 ～ 18：00
休：水曜、木曜不定休
P：なし　**アクセス：**地下鉄谷町線平野駅より 10 分
HP：http://www.omoroan.com/

本家柴藤《ほんけしばとう》

From 少彦名神社　露天神社

食べる

住：大阪市中央区高麗橋2-5-2　**電：**06-6231-4810
営：11：00 ～ 14：30（14：00LO）、17:00 ～ 21:00（20：15LO）※売切れ次第閉店
休：土日・祝日（6 ～ 9 月は土曜営業）　**P：**なし
アクセス：地下鉄御堂筋線淀屋橋駅 12 番出口、堺筋線北浜駅 6 番出口より 5 分
HP：http://www.shibato.net/

★柴藤流おひつまむし 4280円

ビジネス街の中心、北浜にある 15 代続く老舗の鰻店。「大阪まむし」と呼ばれる鰻丼や柴藤流おひつまむしなど、創業以来変わらぬタレの味と最高ランクの鰻を味わいながら、特別な時間が過ごせる。ランチ・ディナーともに売り切れることも多いので、予約が確実。

一吉《ひとよし》

From 生國魂神社　高津宮　四天王寺

皮と餡が別々の梱包で、食べる時に餡をはさむことで、皮が香ばしくパリパリしたオリジナルの最中。味噌餡には有機国産白味噌を使い、皮は国産餅粉100%。一つひとつ丁寧に作る最中は、ほかでは味わえないおいしさだ。胡麻胡桃や牛蒡、無花果などの定番のほか、モンブランや豆乳アイスなど、季節限定の最中も楽しみ。

★最中200円〜。季節限定のモンブラン380円

買う

住：大阪市中央区谷町8-2-6　**電**：06-6762-2553
営：11：00〜18：30（金曜は〜18：00、日曜・祝日は〜17:00）　**休**：月曜（日曜・祝日不定休、HPに提示）
P：なし　**アクセス**：地下鉄谷町線・長堀鶴見緑地線谷町六丁目駅4番出口より5分、谷町線・千日前線谷町九丁目駅2番出口より6分
HP：http://www.hitoyoshi-monaka.jp/

グリルこがね

From 生國魂神社　高津宮　四天王寺

1959年創業の老舗洋食店。A〜Dのランチには、洋食の定番、ハンバーグやエビフライ、オムレツなどが並ぶ。それぞれに自家製ソースがかかり、その守り継がれた味に長年のファンが多いのも納得。メニューにはランチと記されているが、終日注文可能なのもうれしい。じっくり時間をかけて作るタンシチューも人気。

★4品にスープ・ライス・コーヒー付きのBランチ1100円

食べる

住：大阪市天王寺区生玉町11-27
電：06-6771-6182
営：11：00 〜 14：30、16：30〜20：30
休：水曜　**P**：あり
アクセス：地下鉄谷町線・千日前線谷町九丁目駅3番出口より5分

kotikaze《こちかぜ》

From 三光神社

ガラスケースには自家製の和菓子が常時8〜10種類。お茶の種類も多く、日本茶や中国茶などがお菓子と一緒に味わえる。定番や季節の和菓子3種類が楽しめるお菓子盛りもおすすめ。旬の素材を使った松花堂弁当は、ランチタイムの人気メニュー。朝8時からオープンし、朝がゆなどのモーニングも。

★お菓子盛り650円。お茶と一緒にゆっくり味わいたい

食べる

住：大阪市天王寺区空清町2-22
電：06-6766-6505
営：8：00〜18：00（17：30LO）
休：不定休　**P**：なし
アクセス：地下鉄長堀鶴見緑地線・JR環状線玉造駅より7〜10分

あかりカフェ

From 葛井寺

葛井寺の南大門前にある、家族で営むアットホームなカフェ。オリジナルのあかりブレンドや月ヶ瀬紅茶などのドリンクメニューのほか、ほぼ週替わりの自家製ケーキやクッキーなどのスイーツがそろう。ランチタイムには季節の野菜を使ったヘルシーな蒸し野菜定食が人気。店内には、作家作品などの雑貨もいろいろ。

住：藤井寺市藤井寺 2-2-18
電：072-937-8876
営：11：00 ～ 18：00（17：30LO、ランチは～ 14：30）
休：月・火曜　P：なし
アクセス：近鉄南大阪線藤井寺駅より 6 分
HP：http://akari-cafe.jimdo.com/

★あかりの焼き菓子プレート 450 円、あかりブレンドコーヒー 400 円

貞寿庵《ていじゅあん》

From 総持寺

築 200 年以上の納戸蔵を改装した店内は落ち着いた雰囲気で、2 階へは靴を脱いで上がる。その場でおろす本わさびの香りが楽しめるわさび蕎麦切りや、ほんのり甘い鴨汁蕎麦切り、おろし蕎麦切りなど、風味豊かな蕎麦を味わいたい。そば餅入りぜんざいもある。

★鴨汁蕎麦切り 1000 円

住：茨木市総持寺 1-12-31　電：072-624-4045
営：11：30 ～ 15：00（売切れ次第閉店）、18：00 ～ 20：00（予約のみ）　休：月・火曜（祝日は営業）
P：あり　アクセス：阪急京都線総持寺駅より 5 分

花の茶屋《はなのちゃや》

From 勝尾寺

住：箕面市勝尾寺
電：072-721-7010（勝尾寺）
営：8：00 ～ 17：00
休：なし　P：あり
アクセス：勝尾寺と同じ
HP：http://www.katsuo-ji-temple.or.jp/

★シェ・ナカツカとのコラボ商品「だるまパイ」980 円

勝尾寺の山門横にあるおみやげと喫茶。勝尾寺のシンボルであるダルマをモチーフにしたお菓子やお授けものなど、おみやげが各種そろっている。奥にある広々とした喫茶スペースでは、うどんや抹茶セットなどのメニューもある。

ご朱印帳&お守りコレクション

すてきなデザインのご朱印帳やご朱印袋、女子好みのキュートなお守りを集めてみました。

狼像や拝殿、鯉、紅葉などが織り込まれたオリジナルのご朱印帳。ご朱印をもらうとふくろうのポストカードが付きます。 1500円(ご朱印入り)

1 養父神社 (→ P112)

2 赤穂大石神社 (→ P100)

討ち入りの場面の浮世絵をモチーフにした織物のご朱印帳。1200円

3 生國魂神社 (→ P38)

三つ巴と橘の神紋を描いたシンプルでやさしい色合いのご朱印帳。1000円

4 住吉大社 (→ P14)

反橋と3匹のうさぎを描いたご朱印帳(1000円)とご朱印袋(2000円)

5 露天神社 （→ P20）

裏にお初・徳兵衛が描かれたご朱印帳（1500円）とご朱印袋（1000円）。セット2000円

6 播州清水寺 （→ P84）

加東市の地場産業・ひな人形の余り布で手作りしたご朱印帳袋　各1600円

7 播磨国総社・射楯兵主神社 （→ P92）

「縁結びロード」を通ってお参りをしてこのお守りを買うとご利益があるとされる縁結び守 1000円

8 養父神社 （→ P112）

四葉のクローバーの押し花が付いた定番の「幸福守」 500円

夢が叶うまで持ち歩くお守り。金運は黄色、女子用ピンク、男子用ブルー　各800円

9 勝尾寺 （→ P40）

よい報告も？「子授け守」700円

幸せを願って肌身離さず持ちたい「幸守」700円

福雛がかわいい「開運守」700円

色違いのこっぽりがキュートな「縁結び守」 700円

10 住吉大社 （→ P14）

「住吉様」のお使い、かわいらしい「うさぎ守」1000円

おみくじコレクション

1 住吉大社（→ P14）

うさぎみくじ
500 円

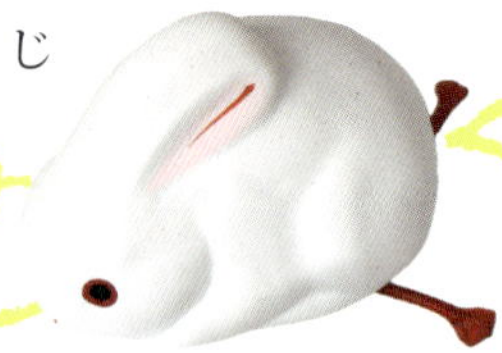

2 住吉大社（→ P14）

良縁成就
おもとみくじ
500 円

3 難波八阪神社（→ P34）

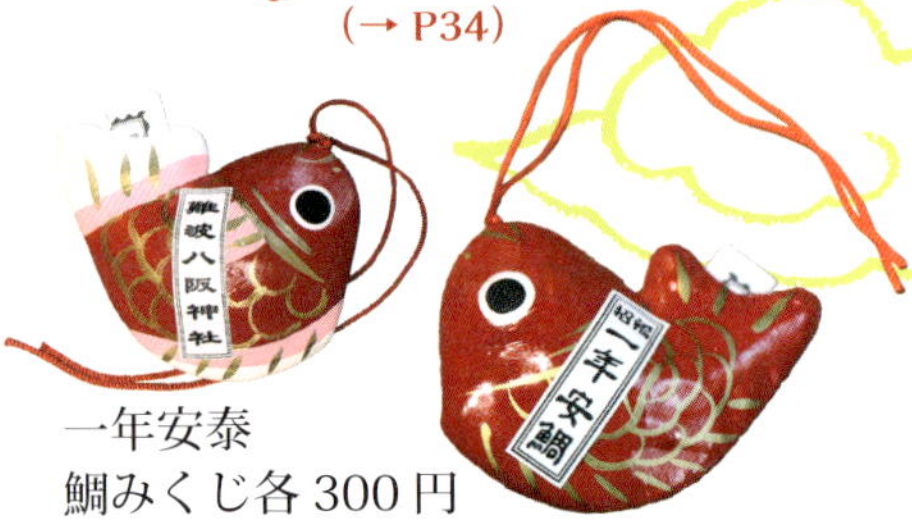

一年安泰
鯛みくじ各 300 円

4 勝尾寺（→ P40）

ダルマみくじ 500 円

5 葛井寺（→ P44）

みくじダルマ 300 円

6 生田神社（→ P56）

縁結び水みくじ
300 円

7 西宮神社（→ P66）

鯛みくじ
300 円

8 伽耶院（→ P86）

おにゃんこみくじ
300 円

9 鹿嶋神社（→ P88）

一願成就だるま
みくじ 300 円

10 養父神社（→ P112）

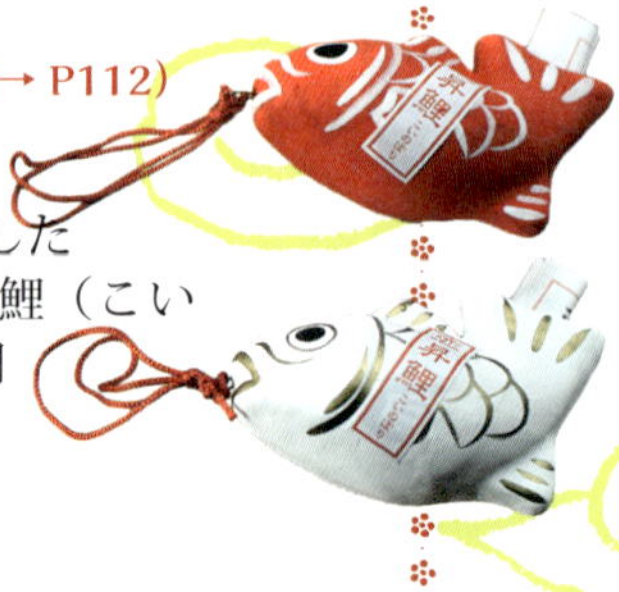

紅白の鯉の形をした
恋みくじ「恋昇鯉（こい
のぼり）」500 円

兵庫

兵庫

生田神社《いくたじんじゃ》

参拝者が次々と訪れる拝殿。その奥に本殿がある

Information

電　話	078-321-3851
住　所	神戸市中央区下山手通 1-2-1
参拝時間	7：00 ～日没（社務所は 9：00 ～ 17：00）
参拝料	なし
駐車場	120 台（最初の 1 時間 500 円、以降 10 分 100 円）
H　P	http://www.ikutajinja.or.jp

縁結びのご利益を求めて全国から参拝者が訪れる

神戸の中心地にあり、初詣には150万人の人出でにぎわう生田神社。日本書紀には、201年（神功皇后《じんぐうこうごう》元年）創建と記されています。神功皇后が海外外征から帰る途中に現在の神戸港で船が進まなくなり、神占を行なうと稚日女尊《わかひるめのみこと》が現れてご祭神として祀ったのが始まりです。稚日女尊は「稚く瑞々しい日の女神」という神名で、物を産み育てて万物の成長を加護する神様といわれています。

境内には末社14社のほか、古くから多くの句に詠まれている生田の森や生田の池、平敦盛が愛した「敦盛の萩」、弁慶が奉納したとされる「弁慶の竹」など、史跡も多数。縁結びの神様として、戦前から神前結婚式が行われてきた生田神社は、恋愛成就のパワースポットとしても人気で、お守りや絵馬、おみくじなど、縁結びの授与品もたくさんあります。

◀中央にはヤエザクラの社紋印と神社の角印が押され、その上に神社名が書かれています。300円

水に浮かべると文字が出てくる縁結びの水みくじ。300円

カップルでお参りし、男性が白、女性が赤のお守りを受けると二人は結ばれるというご利益が。1000円

蝶々の縁結びお守り 1000円

縁結びのハート型絵馬 500円

生田神社のシンボルともいえる立派な楼門

二の鳥居をくぐって右側の松尾神社にある杉の木に向かい、心落ち着けて恋愛成就を願えば叶うと伝えられている

七福神の中で唯一の女神で、音楽・芸能の神様でもある市杵島姫命（いちきしまひめのみこと）を祀っている

Access

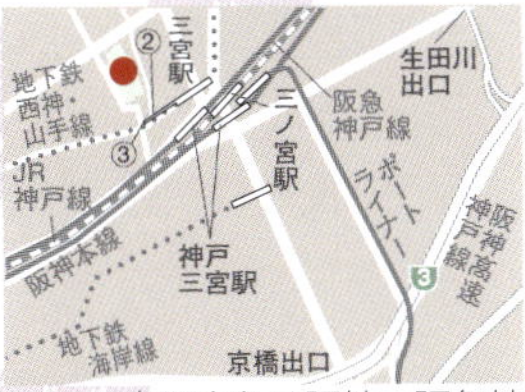

JR三ノ宮駅または阪神・阪急神戸三宮駅より8分、地下鉄三宮駅西2・3番出口より3分
車／阪神高速神戸線生田川出口または京橋出口より5分

い・ち・お・し！

【生田の森】

東西に長く、現在のフラワーロードあたりまで続く広大な森林だった生田の森。合戦の地として歴史にも登場しますが、多くの歌が詠まれた名勝の地でもありました。水占いを浮かべるせせらぎも森の中にあります。

兵庫

湊川神社《みなとがわじんじゃ》

戦災で焼失したものを、1952 年に復興新築。
戦後の新しい神社建築様式として代表的な建物といわれている

Information

電　話	078-371-0001
住　所	神戸市中央区多聞通 3-1-1
参拝時間	日の出～日没（社務所は 9：00 ～日没）
参拝料	なし
駐車場	20 台（無料）
H　P	http://www.minatogawajinja.or.jp/

智・仁・勇にあやかる開運のパワースポット

楠木正成公が祀られ、「楠公さん」の愛称で親しまれている湊川神社。大楠公は、後醍醐天皇の命を受けて鎌倉幕府を崩壊に導き、建武中興に大きな功績を立てました。その後、謀反を起こした足利尊氏を討つため、ここ湊川で決戦の末に至誠を貫いて、弟正季卿と殉節しました。

１６９２年、水戸光圀《みとみつくに》公が「嗚呼忠臣楠子之墓」の碑を建てて墓所を建立すると、その御聖徳は全国に広まり、武士から庶民まで挙ってお参りするようになりました。特に明治維新の前後には、新しい国づくりを願う多くの志士たちが参詣し、その精神的支柱となりました。明治天皇は大楠公の忠義を後世に伝えるために神社の創建を命じ、１８７２年、湊川神社が創建されました。生涯において誠忠と正義を貫き、「智・仁・勇」の三徳を備えた大楠公を慕って、現在もたくさんの参拝者が訪れています。

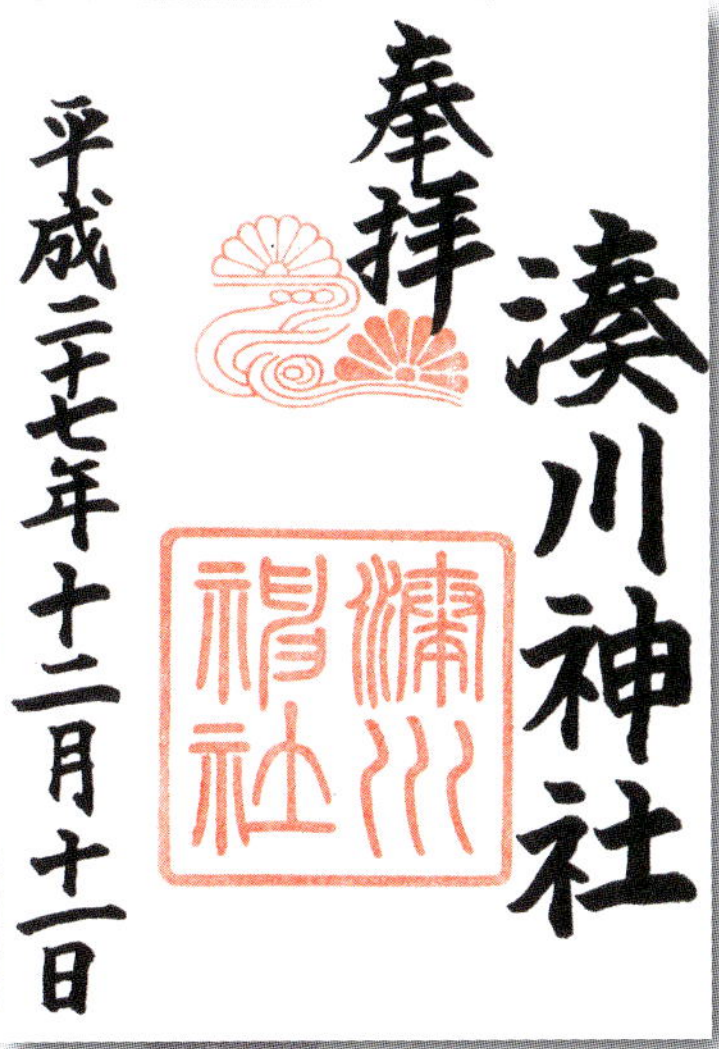

◀中央に楠木家の家紋・菊水紋と神社の角印を押印。ほかに、墓所、楠本稲荷神社、神戸七福神（毘沙門天）のご朱印があります。各 300 円

大小セットになった「親子守」1000 円

巫女さんたちが考えて作ったというオリジナルの「しあわせ守」1000 円

お香で香り付けされた「艶守」700 円

金色の菊水紋が格調高いストラップ各 1000 円

恋みくじ
各 200 円

全国の著名画家からの奉納による拝殿天井の絵。全部で 163 点あり、中央の「大青龍」は福田眉仙作

大楠公が一族と「七生滅賊」を誓って自害した境内西北隅にある殉節地。国指定文化財史蹟

大楠公を慕って墓碑を建立した水戸光圀公の銅像。晩年の姿を忠実に写し取っている

Access

JR 神戸駅より 3 分、各線高速神戸駅東改札よりすぐ、地下鉄大倉山駅または海岸線ハーバーランド駅より 5 分
車／阪神高速神戸線京橋出口または柳原出口より 10 分

い・ち・お・し！

【御墓所】

境内東南隅に位置する大楠公と一族を葬った場所。1692（元禄 5）年に水戸光圀公（水戸黄門）が家臣佐々介三郎宗淳（助さん）を遣わして碑石を建て、自ら「嗚呼忠臣楠子之墓」と書きました（国指定文化財史蹟）。

東大寺、鎌倉とともに 3 大大仏に数えられる兵庫大仏

兵庫

能福寺《のうふくじ》

Information

電　話　078-652-1715
住　所　神戸市兵庫区北逆瀬川町 1-39
拝観時間　9：00 〜 17：00（寺務所は 10：00 〜 16：00）
拝観料　なし
駐車場　なし

人々を見守ってくれる兵庫のだいぶつっつぁん

８０５年、中国からの帰途、兵庫・和田岬に上陸した最澄《さいちょう》伝教大師が自作の薬師如来を安置し、国の安泰と庶民の幸福を祈願して能福護国密寺を建立したのが始まりとされています。現在は兵庫大仏がよく知られていますが、初代の大仏ができたのは１８９１年。この辺りが中心地だった当時、神戸港など外国に向けて開いた港のランドマークとしての役割を果たし、「大仏が見えたら神戸に着いた」と、全国に広まっていったといわれています。

その後、１９４４年の金属類回収令により、大仏はつぶされてしまいました。再建までの長い道のりを経て、最初の大仏ができて百年後の１９９１年、２代目として新たな大仏が完成。大きな仏さんはどこからでも見えて安心感を与えてくれ、「兵庫のだいぶつっつぁん」として、神戸の人々に愛されています。

◀中央にご本尊の十一面観世音菩薩を表わすサンスクリット語「キャ」の文字が書かれています。300 円

大仏ミニチュア像 1000 円

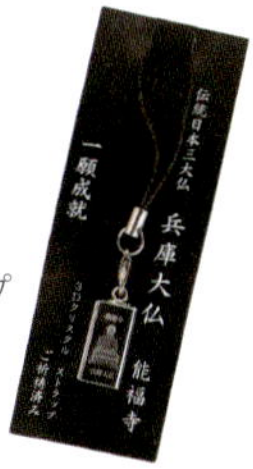

大仏 3D
ストラップ
800 円

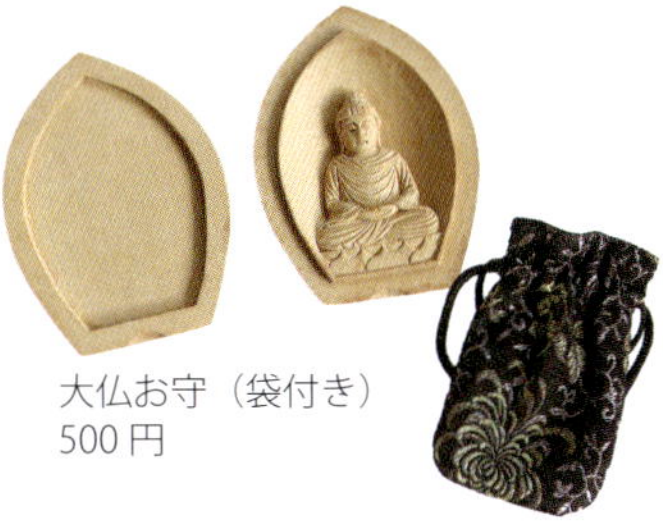

大仏お守（袋付き）
500 円

京都・泉涌寺から移築された本堂（月和影殿）は、九条家が管理し、歴代天皇が拝んだ由緒正しいお堂

當勝稲荷大明神。「まさに勝つべし」の意味があるので、ここ一番の時のお参りに

遺言によって作られた平清盛の供養塔

Access

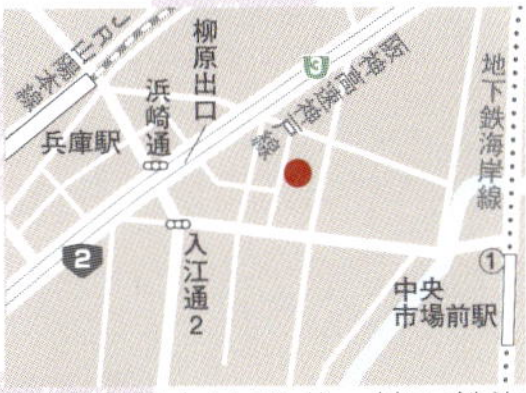

JR 兵庫駅より 10 分、地下鉄海岸線中央市場前駅 1 番出口より 7 分

い・ち・お・し！

【兵庫大仏あれこれ】

金属類回収令でつぶされてしまった初代兵庫大仏。再建まで長い道のりでした。2 代目大仏は、粉々になった初代大仏を練り込んで作られ、安らぎを与えてくれます。憩いの場として気軽に行ってみてくださいね。

1602年に豊臣秀頼が再建した本堂。内陣の宮殿は1368年の建造で重要文化財

兵庫

須磨寺《すまでら》

Information

電　　話　078-731-0416
住　　所　神戸市須磨区須磨寺町 4-6-8
拝観時間　自由（納経所は 8：30 ～ 17：00）
拝 観 料　なし
駐 車 場　60 台（無料）
H　　 P　http://www.sumadera.or.jp/

源平ゆかりの古刹
参加型のお参りも魅力

真言宗須磨寺派の本山。886年に聞鏡上人が勅命を受けて、この地に聖観音菩薩像を本尊としてお祀りしたのが始まりです。正式名は「上野山《じょうやさん》福祥寺」ですが、古くから通称「須磨寺」として親しまれてきました。

源平一ノ谷の合戦場にも近く、合戦で熊谷直実に討たれた平敦盛愛用の青葉の笛や弁慶の鐘、敦盛首塚や義経腰掛の松など、関連する多くの寺宝や旧跡があり「源平ゆかりの寺」としても有名です。

広い境内は見どころいっぱいですが、こちらの魅力は、なんといっても参加型のスポットが充実していること。青葉の笛碑の前のキーボードで曲が弾けたり、手形の上に手を置くと音がなってご縁が結ばれるという場所があったり、とにかく境内で楽しめるのです。正岡子規や松尾芭蕉など超メジャー歌人の句碑や歌碑もあります。

◀中央に、観音様を祀る殿堂を意味する「大悲殿」とご本尊の「聖観音」の梵字の宝印を押印。右肩の「除暗遍明《じょあんへんみょう》」は暗闇に灯りをくれるの意。新西国霊場ほか多種類のご朱印を受けられます。各 300 円

奥の院おさめ札 1 セット 100 円。奥の院の「十三佛・七福神巡り」ではこの札をおさめ札入れに奉納する

「縁結び くみひも 御守」 500 円

敦盛絵馬 500 円

「七色くみひも 御守」500 円

「ぼけ封じがん封じ御守」500 円。布で福禄寿の頭をなでるとぼけ封じ、身体をなでるとがん封じになるというお守り

一ノ谷での平敦盛と熊谷直実の一騎討ちの場面を再現した庭。直実に討たれた敦盛の話は平家物語で最も美しく哀しい史話

平敦盛の首塚。かつてはここに笛を奉納して子どもの健康を祈る風習があった

平敦盛が肌身につけていた愛用の笛「青葉の笛」。そのほか「弁慶の鐘」なども宝物館に収蔵されている

Access

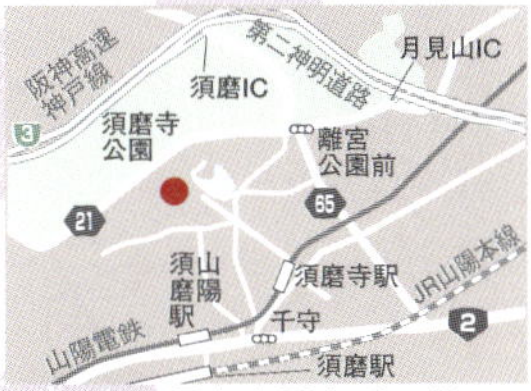

山陽電鉄須磨寺駅より 9 分、JR 須磨駅より 13 分
車／第二神明道路須磨 IC より 4 分　阪神高速月見山 IC より 4 分

い・ち・お・し！

【おもろいもんめぐり】

見ザル、言わザルなど「五猿」は、頭を撫でてあげると手が動きます。ビックリしたい人は頭を回し、借金に困っている人は首を回すとよい「ぶじかえる」など、境内にはおもろいもんが満載です。HP も要チェック。

兵庫

太山寺《たいさんじ》

本堂は、神戸市内で唯一の国宝指定の建物。太く大きな柱、力強い木組み。
1285 年に火災で焼失したが 1300 年ごろに再建された

豊かな自然とお堂が同調
阿弥陀堂の仏像も必見

太山寺は、藤原鎌足の発願により、その子である定恵《じょうえ》和尚が開基した寺です。鎌足の孫の宇合《うまかい》が見た夢の中に薬師如来が現れ、定恵和尚が結縁した土地で和尚が願望を果たせず亡くなったことを知らせたそうです。宇合は薬師如来の教えに従い、７１６年に堂塔伽藍を建立したと伝えられています。

太山寺の魅力はなんといっても、四季折々の豊かな自然が残っているところ。そこに、国宝である本堂や各お堂が美しくなじんでいます。木々のざわめきや清流の流れ、小鳥のさえずり、まるで時が止まったようにゆっくりできます。

全面に格子戸（蔀戸《しとみど》）が施された和様の本堂は国宝です。重要文化財の仁王門、大日如来坐像と四天王を安置した県指定文化財の三重塔など、ほかにも見どころがいっぱいです。

Information

電　話	078-976-6658
住　所	神戸市西区伊川谷町前開 224
拝観時間	8：30 ～ 17：00（冬期は～ 16：30）
拝観料	300 円
駐車場	20 台（無料）
H　P	http://www.do-main.co.jp/taisanji/

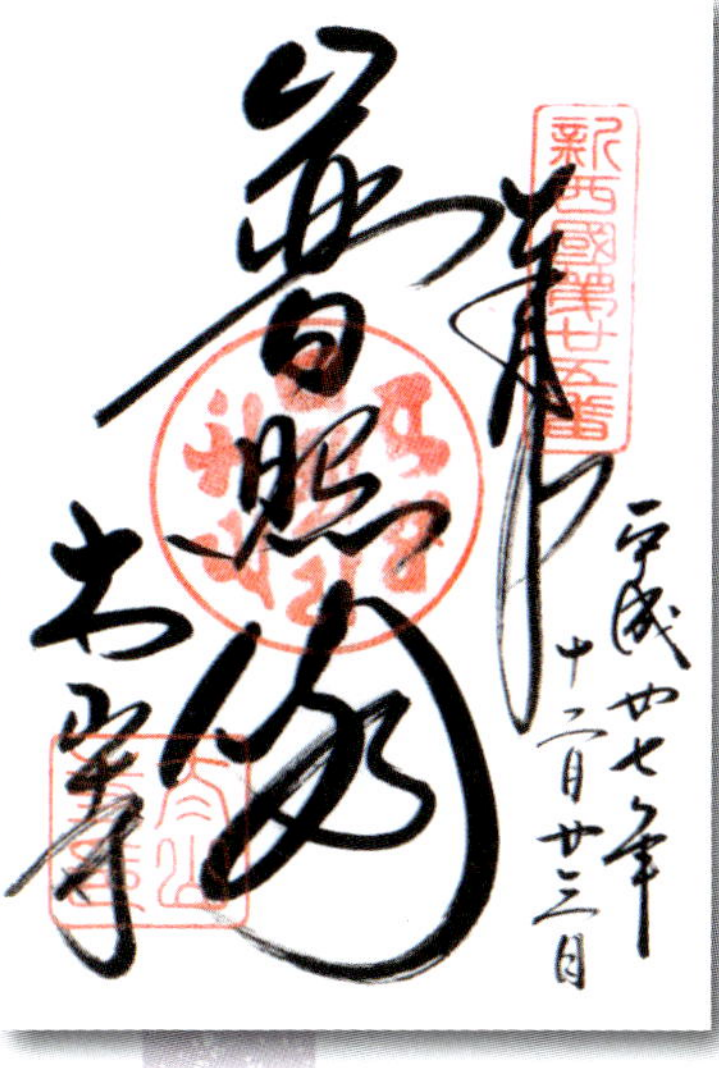

◀「普照」とは「観音様の慈悲の心であまねく照らす」の意。その観音様が祀られている殿堂を意味する「普照閣」の文字と梵字の宝印が押されています。300 円

寺紋入りのお守り
各 600 円

太山寺バス停から北東に徒歩約 15 分のところ、伊川対岸の岸壁に彫られた「磨崖不動明王」も兵庫では珍しい仏像

もともと重層の楼門だった仁王門は、重要文化財

「三重塔」の東側を流れる伊川にかかる「閼伽井（あかい）橋」を渡って奥の院へ。「地蔵堂」は一願地蔵として名高い

三重塔の初層内部の須弥壇には、等身大の大日如来像と四天王像が安置されている

Access

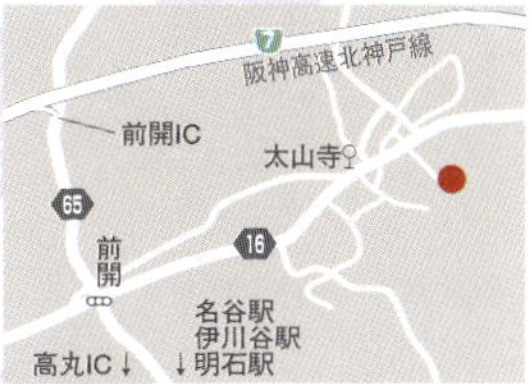

地下鉄名谷駅・伊川谷駅またはJR・山陽明石駅より神姫バス「太山寺」下車すぐ　車／第二神明道路高丸 IC より 10 分または阪神高速北神戸線前開 IC より 5 分

い・ち・お・し！

【阿弥陀如来坐像】

阿弥陀様として名高い宇治平等院の国宝・阿弥陀如来坐像とそっくりの重要文化財の仏様。丈六サイズでスケールの大きい坐像ですが、その迫力とは裏腹に顔立ちは至って優しいのです。

兵庫

西宮神社《にしのみやじんじゃ》

入母屋造の拝殿。奥に控える本殿は三連春日造と称されて国宝に指定されていたが、戦災で焼失し、1961年に総桧造で元の姿に復元した

Information

電　話	0798-33-0321
住　所	西宮市社家町 1-17
参拝時間	5：00 ～ 18：00（授与所は 9：00 ～ 17：00）
参拝料	なし
駐車場	50 台（無料、十日戎期間はなし）
H　P	http://nishinomiya-ebisu.com/

商売繁盛を祈願する年の初めの「えべっさん」

福の神「えびす様」の総本社。毎年1月9日から11日まで行われる十日戎は阪神間最大のお祭りで、3日間の参拝者は初詣を上回る100万人以上です。期間中もっとも注目されるのが開門神事の「福男選び」。1月10日午前6時に大太鼓の音とともに開かれる表大門から、一番福を目指す参拝者が本殿に向かって一斉に走り出します。

西宮神社の創建の年代は明らかではありませんが、廣田神社の摂社浜南宮の内に鎮座した漁業の神様「えびす大神」が、西国街道の宿場町として開けて市が立つようになったこの地で、商売繁盛の神様として信仰されるようになったそうです。初詣や十日戎では大勢の人で埋め尽くされる西宮神社ですが、甲子園球場がすっぽりと入るほどの広さを誇り、兵庫県の天然記念物に指定された「えびすの森」が境内を包みこみ、緑あふれる神社です。

◀右側に「えびす宮総本社」の印、中央に神紋である三柏の印と角印が押されています。300円

商売繁盛を祈願する「開運御守」700円

えびす様が描かれた「仕事安泰御守」500円

雌雄の鯛を向かい合わせてわらで括る「掛け鯛」をかたどった「えびすさまの願掛け守」500円

「えびす様・だいこく様のえんむすび御守」500円

1月1日から11日までの限定授与品、人気の「鯛みくじ」300円（なくなり次第終了）

祈願絵馬
各500円

桃山建築の遺構を残した表大門（赤門）は、大練塀とともに国の重要文化財に指定されている

11ある末社のうち、年々参拝者が多くなっている大國主西神社。正月・十日戎限定で、「えびす大国福鈴守」が授与される

室町時代に建造された大練塀。堅牢な構造の土塀で、全長247m

Access

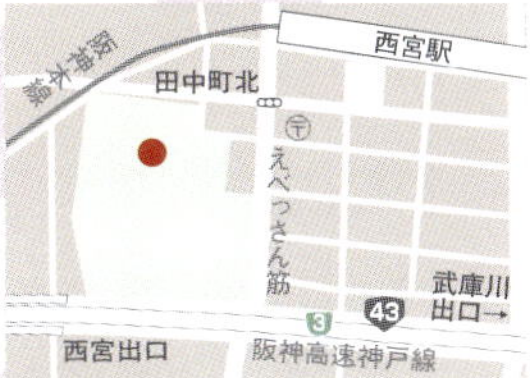

阪神西宮駅より3分
車／阪神高速神戸線西宮出口より3分、武庫川出口より10分

い・ち・お・し！

【十日戎】

1月8日の大マグロ奉納から始まり、9日宵戎の深夜12時にすべての神門を閉ざして忌籠を行い、10日午前6時に表大門を開いて開門神事の福男選びがスタートします。期間中は福笹などの授与品が並びます。

兵庫

廣田神社《ひろたじんじゃ》

1962 年に建てられた拝殿。奥に神明造りの社殿が見える

Information

電　話	0798-74-3489
住　所	西宮市大社町 7-7
参拝時間	自由（社務所は 7：00 頃～ 18：00）
参 拝 料	なし
駐 車 場	25 ～ 30 台（無料）
H　P	http://www.hirotahonsya.or.jp/

兵庫一を誇る古社で ここ一番の必勝祈願

阪神タイガースが必勝祈願に参拝する神社としてもよく知られる廣田神社。球団結成以来約80年間、毎年3月頃に勝利を祈願して、監督や選手、球団関係者がそろって参列しているそうです。球団公認のタイガース絵馬や、奉納されたタイガース酒樽などもファン必見です。

廣田神社は、２０１年に神功《じんぐう》皇后が海外遠征で勝利を得て凱旋の途中、天照大神荒御魂のご神託で創建されました。兵庫県で一番の古社として、日本書紀に記されています。ご祭神の天照大神は日本国民の大祖神であり、特に荒御魂である廣田大御神は、勝運の神様として勝利や合格をはじめ、開運・子授・安産などのご利益があります。また、廣田神社が京の都から西にある重要な神社であることから「西宮」と称され、現在は市名となって受け継がれています。

◀中央に、剣の形に見える傷があるお宝の水晶「剱珠」の印と角印が押され、主祭神である天照大御神荒御霊と書かれています。300 円

お宝の剱珠をかたどった「水琴鈴守」各 800 円

勝運祈願のタイガース絵馬 1200 円

拝殿が描かれたオリジナルのご朱印帳 1500 円

「勝運守」800 円

拝殿から向かって左側には、奉納された酒樽が積まれている

お酒の神様である末社・松尾神社と五末社（八坂神社・子安神社・春日神社・地神社・稲荷神社）

摂社の伊和志豆神社

Access

JR 西宮駅北西・阪急神戸線西宮北口駅南口より阪急バス甲東園行き、阪神西宮駅北口より阪神バス山手東廻りで廣田神社前下車すぐ
車／国道 171 号線室川町交差点より 3 分

い・ち・お・し！

【コバノミツバツツジ群落】

元禄・寛永・正徳の時代から栽培されたという記録が残るコバノミツバツツジ。3月末から4月初旬に開花し、境内は約2万株の花で淡紫色に染まります。4月第2土曜に「つつじまつり」が開催されます。

兵庫

中山寺《なかやまでら》

本堂と大願塔。毎月 18 日にはご本尊がご開帳され多くの人がお参りする

Information

電　　話	0797-87-0024
住　　所	宝塚市中山寺 2-11-1
拝観時間	9：00 ～ 17：00
拝 観 料	なし
駐 車 場	なし
H　　P	http://www.nakayamadera.or.jp/

西国霊場発祥の地にして 子授け・安産守護の寺

聖徳太子の創建と言われ観音菩薩をご本尊にした寺で、わが国最古の観音霊場です。ご本尊の十一面観世音菩薩は、インドの勝鬘夫人《しょうまんぶにん》の姿をうつした尊像と伝わっています。また、代々皇室の崇拝も篤く、安産祈願本邦随一の霊場として、源頼朝をはじめ武家や庶民からも深く信仰されました。特に豊臣秀吉は中山寺に祈願して秀頼を授かり、秀吉が亡きあと秀頼が伽藍を再建しました。「鐘の緒」を受け明治天皇がご平産してから勅願所としても霊験を高めました。

子授け、安産のお寺らしく、妊婦さんとその家族らのお参りが多く、境内全体が華やかな雰囲気。本堂も彩色が艶やかで朱塗りの多宝塔「大願塔」も存在感があります。７００余の羅漢像が安置された五百羅漢堂、西国三十三所観音霊場のお砂踏みができる大師堂など見どころ満載です。

◀中央に、十一面観音様を祀る殿堂という意味の「大悲殿」。十一面観音菩薩の種字梵字が押されています。他にも摂津国三十三所霊場など多数。各300円

境内にはエレベーターやエスカレーターを完備。妊婦さんや巡礼にもやさしい

安産祈祷7000円。腹帯、お守り、ご祈祷札がセットになっている

豊臣秀頼の発願により1603年に再建された本堂。その後の大改修で施された彩色が残っている

内部はご本尊の釈迦如来像を中心に、700体以上の羅漢さんが取り囲む「五百羅漢堂」。天井の梵字も印象的なお堂

堂々とした雰囲気のある楼門（山門）もまた、秀頼の発願により1646年に再建された

中山寺の境内に残る中山寺古墳（または白鳥塚古墳）。14代仲哀天皇の后「大仲姫」の墳墓とされており、内部には石棺が残されている

Access

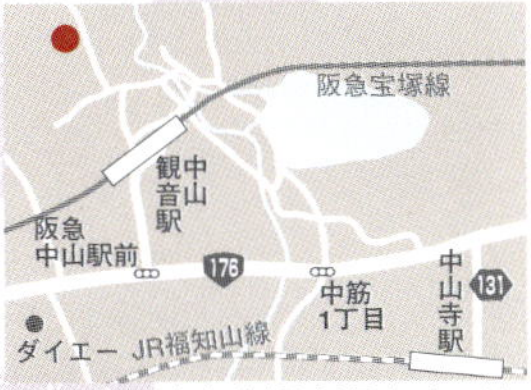

阪急宝塚線中山観音駅より1分、JR福知山線中山寺駅より10分

い・ち・お・し！

【山内十二支一体本尊奉安所】

山内十二支本尊奉安所という点在する寺院があり、辰・巳年は観音院の普賢菩薩、子年は大黒堂の千手観音など、それぞれの十二支の守護本尊が祀られています。ぜひ自分の生まれ年のご本尊にお参りして帰りましょう。

兵庫

清荒神《きよしこうじん》　清澄寺《せいちょうじ》

天堂と並ぶ重要な建物である「本堂」。正面に大日如来、左に不動明王、右に弘法大師が祀られている

Information

電　話　0797-86-6641
住　所　宝塚市米谷字清シ１
拝観時間　自由（寺務所は９：00 〜 17：00）
拝観料　なし（鉄斎美術館は 300 円）
駐車場　380 台（無料）
ＨＰ　http://www.kiyoshikojin.or.jp/

参拝と芸術作品で癒し 参道も楽しい荒神さん

平安初期の８９６年、宇多天皇の勅願により創建された真言宗の大本山。開山の祖である、東寺の長者・益信僧都が、この地に荒神尊を祀り、仏法守護、三宝の加護を祈ったところ、社前の榊に荒神尊が降り立ちました。これが「荒神影向の榊」といわれています。源平合戦や戦国時代の兵火で、諸堂は焼失しましたが荒神社のみは戦火を免れたそうです。

再興の祖、光浄和上と富岡鉄斎翁とのご縁により、鉄斎作品約１２００点を所蔵する「鉄斎美術館」が１９７５年にオープン。年数回企画展示を行っています。また、２００８年には史料館も開館し、芸術作品も楽しみながらお参りができるところとなりました。

荒神さんといえば参道も名物。清荒神駅から北へ約１キロ、ゆるやかな坂道の両側に並ぶお店での買い物も楽しめます。

◀中央に、ご本尊である「大日如来」の文字とその梵字の宝印が押されています。ほかにも布袋尊や清荒神王のご朱印を受けられます。各 300 円

三宝荒神の宝印が入ったオリジナルのご朱印帳。大・小各 1200 円

江戸初期～中期に造られた池泉回遊式庭園

拝殿と浴油堂が棟続きになる天堂。毎日三座祈りを込めたご祈祷が行われている

巨大な唐金造りの地蔵尊の頭に、柄杓の水を高々と上げながら、心に一つだけお願いをすれば叶うといわれている、通称「一願地蔵尊さん」

お寺の歴史やイベントの案内とともに所蔵品などの展示も行う「史料館」入館無料 9：30～16：30、無休

Access

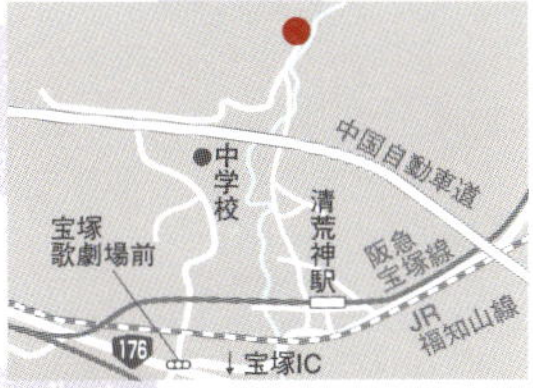

阪急宝塚線清荒神駅より 15 分
車／中国自動車道宝塚 IC より 10 分

い・ち・お・し！

【荒神影向（ようごう）の榊】

清澄寺開創のとき、社前の榊に荒神尊が降り立ったといわれる「荒神影向の榊」。柵の間から長い棒を使ってお賽銭をいただき、次回の参拝で倍にして返せば、お金に不自由しないという言い伝えがあるそうです。

TEA ROOM mahisa《てぃーるーむまひしゃ》

From 生田神社

1987 年のオープン以来変わらず、インド、スリランカなどからの茶葉を使用し、ミルクティーに合う濃い紅茶を提供する専門店。「紅茶本来のおいしさを味わってほしい」と鮮度には特にこだわって仕入れる。アレンジティーも含め常時 20 種類がラインナップ。マフィンやスコーンなど自家製スイーツもおすすめ。

食べる

住：神戸市中央区下山手通 2-1-12 エーコービル B1　**電：**078-333-7451
営：13：00 ～ 23：00
休：火曜　**P：**なし
アクセス：JR 三ノ宮駅、阪神・阪急神戸三宮駅より 3 ～ 8 分
HP：http://www.o-cha-ya.com/

★スコーンセット 980 円

---

kaffe,antik markka《カフェアンティークマルカ》

From 生田神社

北欧のヴィンテージテーブルウェアと伝統的なお菓子や家庭料理を楽しめるショップ & カフェ。食器やファブリック、インテリア系など、家を楽しくする雑貨は見ているだけでもワクワクする。カフェでは、実際に北欧の食器を使って、料理やお菓子を提供するので、その魅力を実感できる。北欧をたっぷり堪能できるお店。

買う　食べる

住：神戸市中央区山本通 3-1-2　谷口ビル 2 F
電：078-272-6083
営：11：00 ～ 19：00
休：水・木曜（祝日は営業）
P：なし　**アクセス：**JR 三ノ宮駅、阪急・阪神神戸三宮駅より北へ 10 ～ 15 分
HP：http://markka.jp/

菊水總本店《きくすいそうほんてん》

From 生田神社　湊川神社

創業は明治元年。看板商品の瓦せんべいには楠木正成の焼印が押され、創業者・吉助は正成の墓守をしていたというから湊川神社とのゆかりは深い。菊水まんじゅう、やわらか焼などの定番商品に加え、併設の「菊水茶廊」では数年前から自家製のみつを使ったかき氷が大ブレイクし夏には行列ができる。また食事メニューも充実している。

買う　食べる

住：神戸市中央区多聞通 3-3-15
電：078-382-0080
営：9：00 ～ 18：00
休：なし　**P：**なし
アクセス：JR 神戸駅より 2 分

食べる

北の椅子と《きたのいすと》

From 能福寺

北欧ヴィンテージ家具や雑貨、リペアしたヴィンテージ家具を販売する倉庫ショップの2階にあるカフェ。店内にはそれらの家具が配置され、実際に使い心地が体感できる。カフェのメニューは、各種ドリンクをはじめ、スイーツやランチなど、できるだけ無農薬の野菜や自然素材を使う。店内奥にキッズコーナーも設置。

★生姜とシナモンをきかせたチャイ 450円

住：神戸市兵庫区材木町1-3
電：078-203-4251
営：11：00～18：00（16：00LO）
休：水・土曜、臨時休業あり
P：契約駐車場あり
アクセス：地下鉄海岸線和田岬駅より8分、JR兵庫駅より20分
HP：http://kitanoisu-to.com/

志らはま鮨《しらはまずし》

From 須磨寺

創業より80年を超える須磨寺門前の寿司処。身が柔らかくてボリュームのある「焼穴子手押し寿司」、自家製玉子焼で穴子を巻いた「花巻き寿司」、酢〆した鯖に柚子の入ったおからをのせた「柚香寿司」の3品はすべてオリジナル。これらの3点盛りの「すまの関守」が人気で須磨寺の名物となっている。

★すまの関守（赤だし付）1650円

見る

住：神戸市須磨区須磨寺町1-11-12
電：078-731-4716
営：11：30～15：00（14:30L.O.）※テイクアウトは10：00～18：00（売り切れ次第終了）
休：月曜（祝日は営業し翌火曜）　**P：**2台
アクセス：山陽電鉄須磨寺駅より1分

食べる

太山寺珈琲焙煎室《たいさんじこーひーばいせんしつ》

From 太山寺

常時10～15種類の豆を扱う珈琲豆専門店。産地は、アフリカ・南米・中米・アジアなど広く、ブラジル産を置いてないのも特長。個性がはっきりしている豆を一つひとつ丁寧に選んでいる。「味を知っていただきたいから」と、テイスティングとして1杯300円で提供する。店は四季の自然を満喫できる太山寺にすんなりなじんでいる。

★コーヒーを使ったスイーツやアクセサリーも扱う

住：神戸市西区伊川谷町前開265-1
電：078-945-6813
営：10：00～18：00
休：土曜、第3金曜
P：2台
アクセス：第二神明道路高丸ICより10分、阪神高速北神戸線前開ICより5分
HP：http://www.taisanji-coffee-works.jp/

白鷹禄水苑《はくたかろくすいえん》

From 西宮神社

★季節限定の日本酒が並ぶ

蔵元の住居が蔵と地続きだった戦前までの造りを再現した、「白鷹」が運営する日本酒の複合施設。日本酒の新しい楽しみ方をテーマにしたショップ「美禄市」や禄水苑限定酒などが楽しめる蔵BAR、灘酒の伝統文化を伝える白鷹集古館などがある。灘酒の体験や販売をはじめ、蔵元の生活様式や文化が体感できる。

買う

住：西宮市鞍掛町 5-1
電：0798-39-0235
営：11：00 ～ 19：00
休：第 1・第 3 水曜日
P：あり
アクセス：阪神西宮駅より 7 分
HP：http://www.hakutaka-shop.jp/

谷矢製餡《たにやせいあん》

From 西宮神社

買う

住：西宮市本町 8-1
電：0798-22-4328
営：8:00 ～ 17:00（土曜・祝日は～ 14：00）
休：日曜　**P**：なし
アクセス：阪神西宮駅より南へ 5 分

★進物用の戎金鍔
6 個入り 770 円

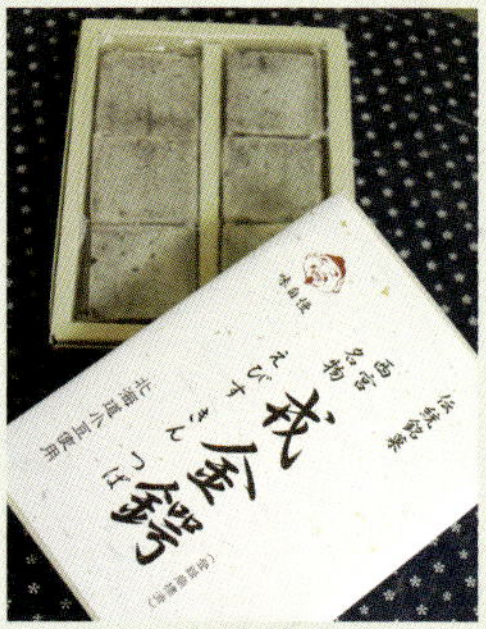

和菓子の素材である餡の専門店として、1945 年に創業。厳選した小豆を熟練の技でふっくらと炊き、添加物を使わず甘さ控えめに仕上げる。西宮神社のおみやげにもおすすめの戎金鍔は、餡のおいしさがわかる粒金鍔と皮に抹茶を練り込んだ抹茶金鍔、徳島の鳴門金時を使った芋金鍔（秋冬限定）の 3 種類。3 個入り 360 円～。

GOOGA・MOOGA《ぐーがむーが》

From 廣田神社

ブルーを基調にした小さなお店に、かわいらしいケーキが並ぶ。25 年前のオープン当時から人気のミルフィーユは、別添えのカップ入りカスタードをパイ板にのせながら食べるスタイル。ほどよく濃厚でマイルドなカスタードがおいしい。サクッとした生地ともっちりしたメレンゲがマッチしたパイもファンが多い一品。

★ミルフィーユ 270 円、パイ各種 145 円、レアチーズムース 345 円

買う

住：西宮市越水町 10-26-101
電：0798-72-4848
営：10：30 ～ 19：30
休：月・火曜（祝日は営業）
P：なし
アクセス：阪急西宮北口駅より甲東園行きバスで市民運動場前下車 3 分

珍味堂《ちんみどう》

From 中山寺

住：宝塚市中山寺 2-8-6
電：0797-86-0025
営：10：00 ～ 17：00
休：不定休（月 1 ～ 2 回程度）　P：なし
アクセス：阪急宝塚線中山観音駅よりすぐ、JR 中山寺駅より 10 分

30 種類以上もの佃煮が並ぶ中山寺門前の名物佃煮店。羅臼昆布や龍野醤油を使った佃煮が人気だ。商品はすべて手作りで添加物は一切使わない。最近の売れ筋は、山の蕗（800 円）、実山椒（小・900 円、大・1800 円）ほか山椒系商品など。その場でブレンドして作ってくれる七味もおいしい。

★中山寺の山門からすぐ

小やきや《こやきや》

From 清荒神清澄寺

創業 60 年の老舗。看板商品の「小やき」は、北海道の大納言小豆を炊いた自家製つぶあんを最高級の米粉を使った皮でくるんで焼いたもの。商品は、あんこを炊く汁を使った赤飯と小やきの 2 品のみ。もちろん添加物は一切なしだ。この小やきを買うのを楽しみに清荒神さんへのお参りをする親子 2 代、3 代のファンも多い。

住：宝塚市清荒神 5-3-36
電：0797-86-8346
営：9：00 ～ 15：00（売切れ次第終了）
休：不定休（真夏と荒天は休み）　P：なし
アクセス：阪急宝塚線清荒神駅より北へ 13 分

★「小やき」は「よもぎ」もあり、いずれも 1 個 90 円

柚子もなか《ゆずもなか》 三宝堂《さんぽうどう》

From 清荒神清澄寺

住：宝塚市清荒神 3-1-6
電：0797-86-3358
営：9:30 ～ 16:30
休：雨の日　P：なし
アクセス：阪急宝塚線清荒神駅より北へ 5 分

創業から 60 年以上経つ三宝堂のもなかは、清荒神の名物。小豆は北海道の大納言、白餡は手亡（てぼ）、四国産柚子を使用するなど、厳選された材料での無添加の手作りもなかだ。もなかといえば甘い印象だが、こちらのものは甘味すっきり。看板の柚子もなかは柚子の風味がきいた印象的な一品。2 サイズあるのもうれしい。

★小 1 個 70 円、大 1 個 150 円。各種組み合わせも可能

兵庫

鶴林寺《かくりんじ》

和様・大仏様・禅宗様の折衷様式の代表作である本堂、
県下最古の建築である太子堂ともに国宝

Information

電　話	079-454-7053
住　所	加古川市加古川町北在家 424
拝観時間	9：00 ～ 17：00（最終受付 16：30）
拝 観 料	500 円（宝物館とセットで 800 円、そのほかファミリー割引あり）
駐 車 場	30 台（無料）
H　P	http://www.kakurinji.or.jp/

播磨の法隆寺と言われる聖徳太子ゆかりの古刹

高句麗の僧、恵便法師が物部氏から逃れてこの地に隠れていたとき、聖徳太子が法師の教えを受けるため、ここを訪れ、５８７年、秦河勝に命じて造らせたのが始まり。１１１２年、鳥羽天皇の勅願により「鶴林寺」と改めました。

この寺の魅力は、国宝である本堂、太子堂をはじめ16棟の建物がほとんど文化財の指定を受けていること。建築美を楽しむことができます。また新設の宝物館には、「聖観音立像」をはじめ、仏像や、絵画など超一級品のお宝が満載です。さらに「関西花の寺二十五霊場」の一つにもなっているように沙羅双樹や菩提樹の花など、美しい四季の花を堪能することができます。

本堂の脇陣では、常時写経（１０００円）をすることができ、使った小筆はおみやげに持ち帰れるとか。広い境内を散策するだけでも心安らかな気持ちになれます。

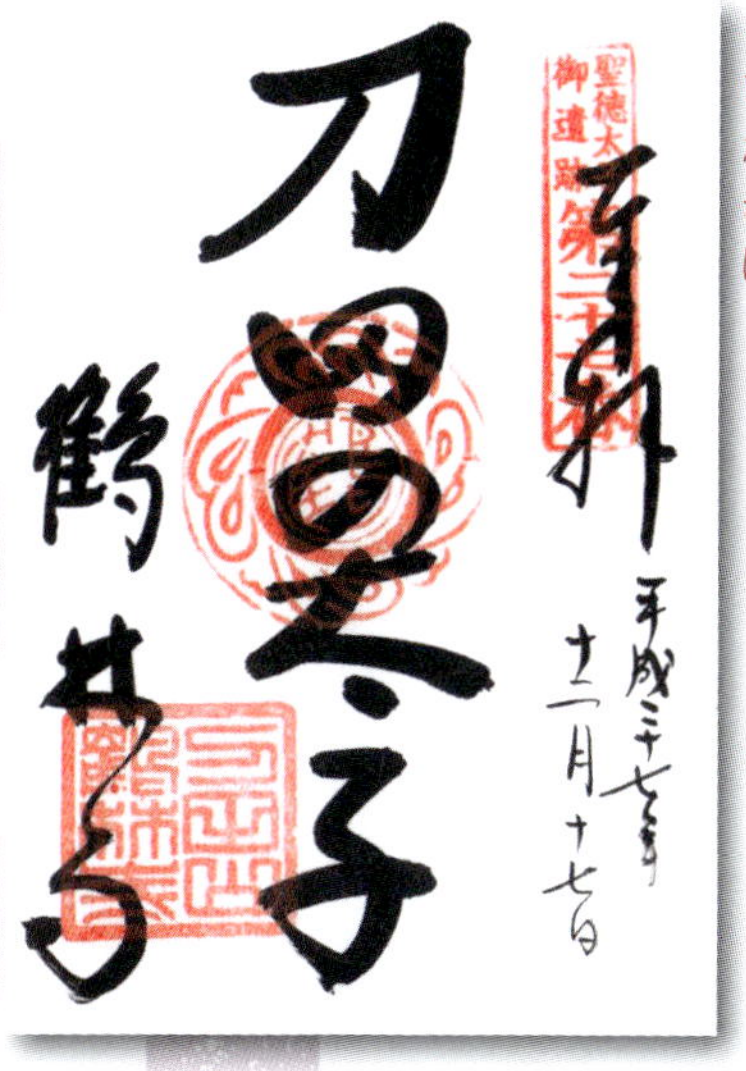

◀右肩には「聖徳太子霊場」、中央に「刀田乃太子」の文字、漢字の「鶴」をあしらった花の模様の宝印が押されています。ほかにも新西国、関西花の寺など、ご朱印は全５種類あります。各 300 円

新しい聖徳太子マスコットキャラクター「聖太くん」。これからさまざまな聖太グッズがデビューする予定

「金のわらじ御守」300 円

「鶴林寺御守」各 500 円

すらりとした立ち姿、きゅっとひねった腰が魅力的な「あいたたの観音さま」こと「聖観音立像」

2012 年にオープンした「宝物館」には「聖観音立像」をはじめ、太子堂壁画の復元模写などお宝がいっぱい

ウインクする仏像として話題になった新薬師堂の十二神将の一人「摩虎羅大将（マコラたいしょう）」

Access

JR 加古川駅より 25 分またはかこバスで 8 分、山陽尾上の松駅より 15 分
車／加古川バイパス加古川ランプより 5 分、加古川東ランプより 7 分

い・ち・お・し！

【ふりきる門】

「ふりきる門」は江戸時代からこの場所にあった一石一字塔に手を加えたもので、石の門をくぐって塔の後ろに回り不思議な摩尼車を回します。念じながら回すことで、願いが叶う新しいパワースポットです。

兵庫

浄土寺《じょうどじ》

兵庫県唯一の国宝の仏像「阿弥陀如来三尊像」。仏像好きにはたまらない完成度が高く、見飽きない仏様

Information

電　話　0794-62-4318（歓喜院）、62-2651（宝持院）
住　所　小野市浄谷町 2094
拝観時間　9：00 ～ 12：00、13：00 ～ 17：00（10 ～ 3 月は～ 16：00）
拝観料　500 円
駐車場　30 台（無料）

圧倒的な存在感を放つ 大仏師・快慶作の三尊像

浄土寺は、浄土堂とその本尊・阿弥陀如来および両脇侍立像で名高い寺。開祖は東大寺再建に力を尽くした重源上人です。朱の材と白い壁のコントラストが印象的で、開放的な浄土堂の中心に立つ三体の仏像は、どれもが完璧なプロポーション。顔立ちにも力強さを感じます。これらの仏像は、鎌倉時代を代表する大仏師・快慶の初期の作品。1丈6尺（5.3m）の大きさの「丈六」の立像としても珍しいものです。

この仏像が最も光り輝き魅力的に見えるのは真夏の夕方。背面の格子戸から西日が差し込み、床に反射して屋根裏に当たり、光が降り注ぐと、本尊は黄金色に輝き、雲に乗って浮かんだ浄土からのご来迎の姿に見えます。建物と仏像が一体となった迫力と美しさを体感することができます。

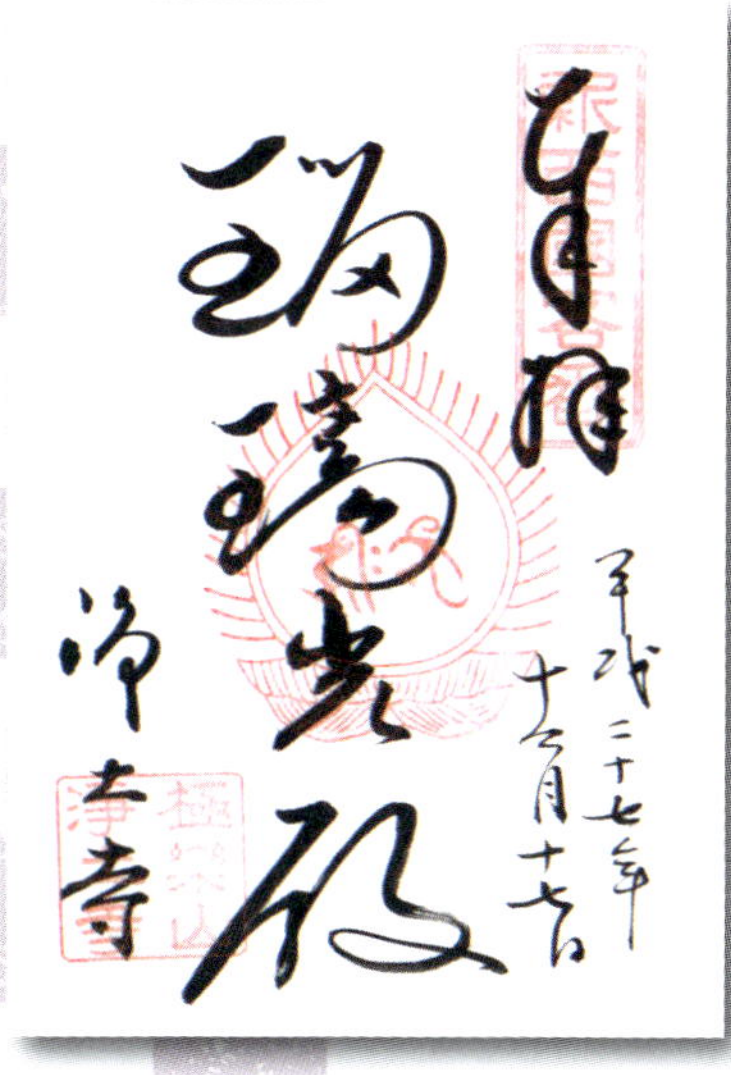

◀本尊・薬師如来の別名「瑠璃光如来」が祀られている殿堂を意味する「瑠璃光殿」。薬師如来と阿弥陀如来の梵字が入った宝印が押されています。300円

桜の木もたくさん植えられ、シーズンには境内は格好の花見スポットに

古墳時代の石棺のふたを再利用したもの。毎年5月の花まつりには、この中に塔婆を置いて、水を向ける

経本が納められている六角経蔵の前に、傅大士（ふだいし）の像が置かれている

浄土堂は、大仏様（だいぶつよう）という特異な様式で、東大寺南大門とともに現存する貴重な建物

本尊の薬師如来が祀られる本堂、薬師堂。国指定重要文化財

八幡神社の拝殿と本殿。東大寺に鎮守の手向山八幡宮があるのと同様、浄土寺にも残っている

Access

神戸電鉄粟生線小野駅より神姫バス天神行きまたは鹿野行きで浄土寺下車すぐ
車／山陽自動車道三木小野ICより5分

い・ち・お・し！

【浄土寺裏山四国八十八所とアジサイ巡り】

本堂裏の山には、四国八十八所霊場のうつしがあり、霊場めぐりができます。一周約1500m、30～40分のハイキングコースには1万本を超えるアジサイが植えられ、美しい花を楽しみながら、お参りができます。

兵庫

一乗寺《いちじょうじ》

1171 年の建立とされる平安時代後期を代表する
和様建築の三重塔は国宝

Information

電　話　0790-48-2006、48-4000
住　所　加西市坂本町 821-17
拝観時間　8：00 ～ 17：00
拝観料　500 円
駐車場　150 台（300 円）

豊かな自然と見事に調和 平安後期作の国宝三重塔

開山の法道上人は、インドから紫の雲に乗ってこの地に至りました。蓮の形をした霊山を見出し、法華山と名付けたそうです。この山で修行をしていた法道上人が、時の帝・孝徳天皇の加持祈祷したところ、病気は平癒し、喜んだ孝徳天皇が、６５０年、山に金堂を建立しました。

緑豊かな境内に入ると、長い階段が目に映ります。最初の77段を上ると左手に常行堂、さらに次の階段36段を上ると国宝の三重塔があります。最後の階段を上りきると本堂に着きます。こちらで圧倒的な存在感を放つ三重塔ですが、下から、階段を上りながら横から、また本堂からと、あらゆる角度からその建築様式を見ることができるのはなかなかないことだそう。

護法堂、弁天堂、妙見堂など鎮守の諸堂は国の重要文化財。各お堂を見ながら山の空気を感じると心が落ち着きます。

◀中央に、本尊・聖観音様が祀られる殿堂の意で「大悲閣」。聖観音の梵字の宝印が押されています。300円

本堂へと続く160段余の石段

病気平癒・法道仙人守り各600円

両手で合掌すると観音様の姿が現れる霊験あらたかな「合掌御守」1000円

懸造りの本堂。正面9間、奥行8間の堂々たる本堂。建物は江戸時代初期に、姫路藩主・本多忠政によって再建されたもの

県の重要便家財である鐘楼。大みそかは除夜の鐘をつきにくる参拝者でにぎわう

本道の北側にある妙見堂（右）と弁天堂（左）。護法堂も含め、中世の神社建築の様式の変遷を伝える貴重な資料

Access

JR・山陽姫路駅より神姫バス法華山一乗寺経由社（やしろ）行きで法華山一乗寺下車すぐ
車／山陽自動車道加古川北ICより12分

い・ち・お・し！

【国宝・三重塔】

1171年の建立。平安時代後期を代表する和様建築の塔。建立年代の明らかな、日本でも珍しい塔です。初重から三重に向かって小さくなる安定感抜群の姿は、本堂から眺めるとまたその表情が異なります。

兵庫

播州清水寺《ばんしゅうきよみずでら》

鮮やかな朱色が緑に映える仁王門。ここから緑豊かな参道を通って各お堂へと進む

Information

電　話	0795-45-0025
住　所	加東市平木 1194
拝観時間	8：00 ～ 17：00
拝観料	500 円
駐車場	340 台（無料）
H　P	http://kiyomizudera.net/

四季の自然美を満喫 見どころ満載の名刹

今から１８００年前、印度の僧・法道仙人が中国・朝鮮を経て渡来し、御嶽山に住んで鎮護国家豊作を祈願したのが始まりです。６２７年、推古天皇勅願で根本中堂を建立。水に乏しかったこの地で仙人が水神に祈り霊泉が湧いたことから「清水寺」と名付けられました。７２５年、聖武天皇が行基に勅命し大講堂を建立しました。よってこの寺では根本中堂、大講堂ともに本堂とされています。

春は桜やツツジ、夏はアジサイ、秋は紅葉、冬は椿・梅・雲海…と四季折々の自然を満喫できるのが魅力で、紅葉の時期にはライトアップとともに多彩なイベントが催されます。フォトコンテストや散華デザインコンテスト、スタンプ&クイズラリーなど、お寺をまるごと楽しめる企画が満載です。地場産品を使ったご朱印帳袋やお参りバッグなど、縁起物も要チェックです。

◀中央に、ご本尊の千手観音様が祀られる場所「大講堂」、その梵字の宝印が押されています。そのほか、ご詠歌や播磨西国霊場などがあります。各 300 円

「金襴御守」 各 500 円

地元・播州織の生地とがま口の部品を使って一つひとつ手作りした「播州織お参りバッグ」各 9800 円

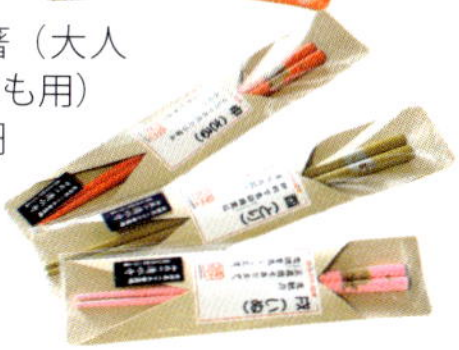

干支福箸（大人用・子ども用）
各 600 円

加東市の地場産業・ひな人形の余り布で手作りしたご朱印帳袋　各 1600 円

「幸せ花守」
各 500 円

聖武天皇の勅願書で 1917年再建の大講堂

627年に創建された根本中堂。本尊十一面観音は秘仏で、次のご開帳は2017年

「おかげの井戸（滾浄水）」は、「清水寺」の名の由緒の地。のぞいて影が映れば寿命が3年延びるといわれる

Access

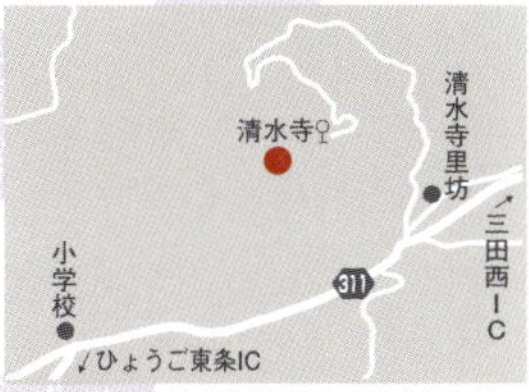

JR 福知山線相野駅より神姫バス清水寺行きで終点下車すぐ
車／舞鶴若狭自動車道三田西 IC より 20 分、中国自動車道ひょうご東条 IC より 20 分

い・ち・お・し！

【薬師堂の十二神将】

奈良県のマスコットキャラクター「せんとくん」の作者として有名な籔内佐斗司氏作の十二神将が安置されている薬師堂。干支のキャラクターとして創られている十二神将は、どれも個性的でキュートです。

兵庫

伽耶院《がやいん》

丸顔でつぶらな瞳で、スマートな体つきに少し腰をひねった控えめなポーズの「毘沙門天立像」は国の重要文化財

Information

電　話　0794-87-3906
住　所　三木市志染町大谷 410
拝観時間　自由（寺務所は 9：00 ～ 17：00）
拝観料　草引き 10 本、ただし冬期はなし（内陣拝観は志納）
駐車場　80 台（無料）
H　P　http://gayain.exblog.jp/

豊かな自然になごみの寺
多彩な仏像も魅力の一つ

今から1300余年前の645年、法道仙人を開基とし、孝徳天皇の勅願により建立されたお寺。秀吉の三木城攻めの兵火によって全山焼失したので、現在の諸堂はそれ以後の建立となります。

こちらで見逃せないのが本堂に祀られている毘沙門天、愛染明王、三宝荒神などすばらしい仏像の数々。ウィンドウ越しではなく直接見ることができるのが魅力です。「光の当たり方でいろんな表情を楽しめところがいい」とご住職。暗いところで見ると、より仏像らしい顔になるとか。毘沙門天・弁財天、愛染明王はお正月の三が日のみ一般公開、それ以外は特別に拝観を申し込めば拝観可能です。

修験寺院としても有名で、10月の体育の日には各地から200余名の山伏が参集し、関西では最大規模の採燈大護摩が行われています。

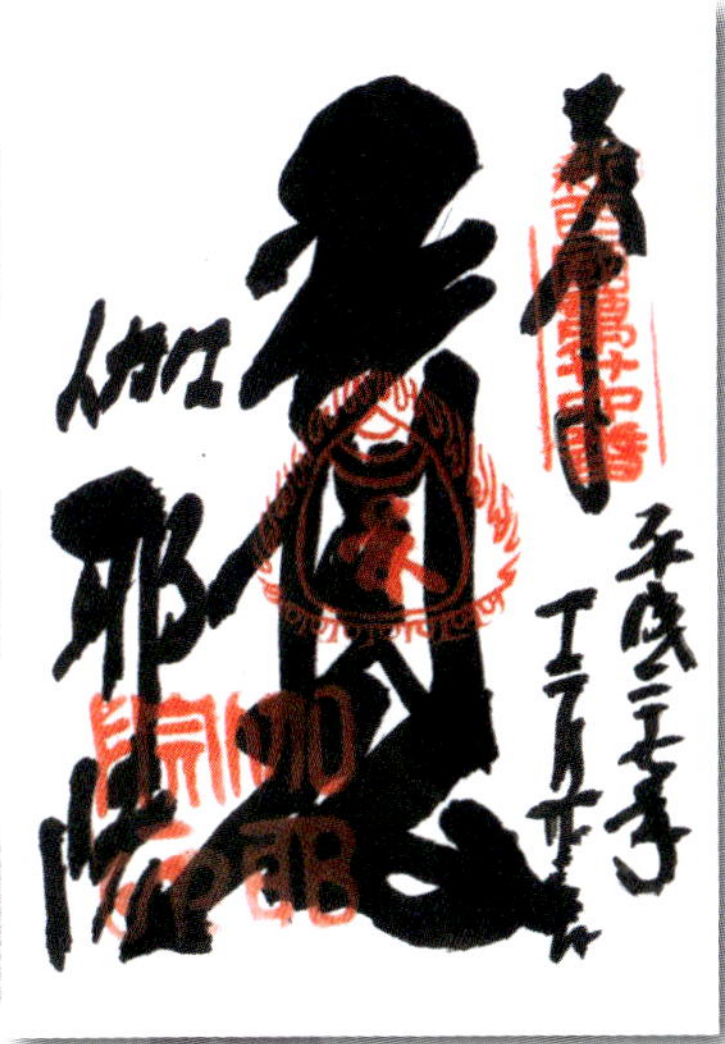

◀中央に、ご本尊、毘沙門天の別名、多聞天が祀られている殿堂を意味する「多聞殿」の文字と毘沙門天の梵字の宝印が押されています。300円

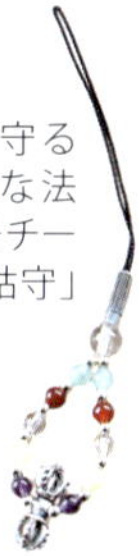

魔を払い身を守る密教の代表的な法具「五鈷」をモチーフにした「五鈷守」600円

一願成就除災招福の「羯磨（かつま）守」500円

五色は東西南北中央の五仏をあらわす。願う者を守る「五色守」500円

「おにゃんこみくじ」各300円。顔が全部違っていてかわいい

内陣と外陣とを格子戸と欄間で分けた典型的な密教寺院建築の本堂をはじめ、多宝塔、鎮守杜の三社は国の重要文化財

12月中旬～2月中旬頃、水面が虹色や金色に輝く「黄金水」

境内の草引きなど、死ぬ直前まで働き続けた2人のおばあちゃんたちを偲んで造られた「仲よしポックリさん」の石像

Access

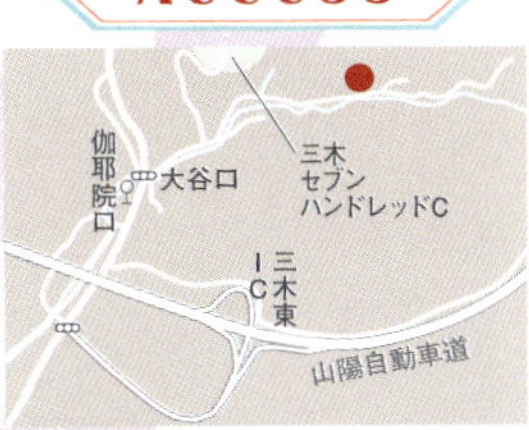

神戸電鉄緑が丘駅より神姫バス、グリーンピア三木行きで伽耶院口下車10分（ただし運行日は土日・休日のみ）　車／山陽自動車道三木東ICより9分

い・ち・お・し！

【もてなしの心】

境内のお地蔵さんにかけられた「ようおまいり」のプレートや、「入山料お一人につき草引き十本」の看板にご住職のお人柄が感じられ、ほっと心なごみます。

兵庫

鹿嶋神社《かしまじんじゃ》

大きさとしては日本最大級。チタン製の鳥居としては全国一の大きさを誇る大鳥居

Information

電　話	079-447-4676
住　所	高砂市阿弥陀町地徳 279
参拝時間	自由（社務所は 8：00 ～ 17：00、ご祈祷は 8：00 ～ 16：00）
参拝料	なし
駐車場	20 台（無料）
H　P	http://www.kashimajinja.or.jp/

大鳥居や神殿廻り 一願成就するパワーあり

聖武天皇の勅願により、国分寺と国分寺の東院として大日寺が建立されたとき、鎮護の神として祀られました。羽柴秀吉の神吉城攻略による戦火からも免れ、ご神殿は焼け残りました。その後、徳川家綱公の時代に現在の場所に移りました。

ご祭神は、武甕槌命《たけみかつちのみこと》、経津主命《ふつぬしのみこと》で、どちらも武道、勝負の神様。「一願成就の神」として有名で、正月の初詣は毎年約20万人の人出でにぎわいます。1月最終日曜には、「学神祭」が行われ、合格祈願の神頼みに多くの受験生らが訪れます。こちらでのお参りは、神前で香をたき、お灯明を点けるという習わしがあり、独特です。また、お百度参りならぬ「神殿廻り」を邪念をたち一心不乱にすれば想いがかなうそうです。境内や周辺は豊かな自然に恵まれ、春は桜、秋は紅葉の名所としても有名です。

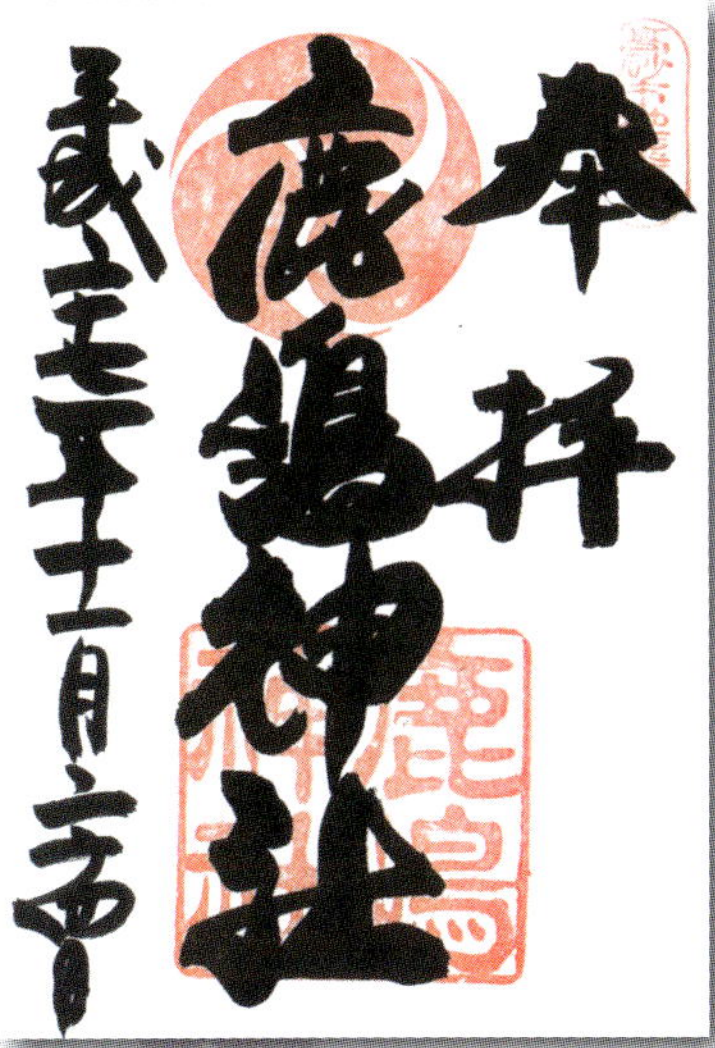

◀中央に神社の名前、神紋の左三ツ巴と神社名の印が押されています。300 円

「幸福守」各 500 円

「一願成就守」
500 円

「勝守」
500 円

一願成就だるまみくじ各 300 円

金勝みくじ 200 円

再建から 300 年を超える本殿。本殿脇に、願い事のシンボル、千羽鶴や絵馬が奉納されていて目を和ませる

「一願成就の神」として有名で、受験シーズンは特に参拝が多い

武士が出陣のとき武運長久を祈ったという故事から、神前で香をたき、お灯明を点けるという習わしがある

Access

JR 曽根駅より 30 分
車／姫路バイパス高砂西ランプより 9 分、加古川バイパス高砂北ランプより 10 分

い・ち・お・し！

【神殿廻り】

願い事を成就させるために、邪念を断ち、数え年の数だけ時計回りに神殿の周りを回ります。数を忘れないようにするために竹の札を持って回ってもいいそう。ほかの人の願い事の場合は、その人の年の数だけ回ります。

ステフォレ《すてふぉれ》

From 鶴林寺

筆記用具からデザイン文具や事務用品、ご朱印帳まで入れて常時8万点というアイテムを誇るステーショナリーの宝庫。おしゃれなカフェを併設しており、豊富なバリエーションのパンケーキが自慢だ。

★JR加古川駅近くには、姉妹店「ステフォレ nino」もある

買う　食べる

住：加古川市加古川町北在家793-1
電：079-451-1155
営：10:00～20:00、カフェは～19：00（18：00LO）
休：なし　**P**：50台
アクセス：加古川バイパス加古川ランプより10分
HP：http://www.st-fore.jp/

ザッカ＆ナチュラルカフェ《ザッカアンドナチュラルカフェ》 chaco《チャコ》

From 鹿嶋神社

食べる

住：高砂市阿弥陀町阿弥陀679-3
電：079-447-6331
営：11：30～17：00
休：水曜、不定休
P：4台　**アクセス**：姫路バイパス高砂北または高砂西ランプより7～10分
HP：http://naturalchaco.web.fc2.com/

★薬膳のイベントも開催。詳細はHPや店頭でご確認を

心も体も温かくなるような雑貨＆カフェ。カフェには、野菜と薬膳をミックスさせた体にやさしいメニューを提供し、スイーツも薬膳の考えをもとに組み合わせたものも用意する。雑貨は、店主セレクトの器をメインに置いている。

ふく蔵《ふくくら》

From 一乗寺

純米酒のみを醸造する、播磨を代表する酒蔵「富久錦」直営の複合ショップ。酒蔵を再生した店内は、「純粋と安全」をテーマに豊かな食文化を提案し、多彩な楽しみ方ができる。ショップでは、富久錦のすべての純米酒だけでなく、安全な調味料や食材も販売している。ギャラリースペースでは、若手作家の器や酒器などをそろえている。また、レストランでは、酒蔵の粕汁をはじめ地元の旬の食材をふんだんに使った料理や自家製スイーツを提供している。

食べる　見る　買う

住：加西市三口町1048
電：0790-48-2005
営：10：00～18：00（金・日曜、祝日～21：00)、レストラン11：30～14：00LO（金土・祝前日は17:30～20:00LOも営業）
休：なし　**P**：50台
アクセス：山陽自動車道加古川北ICより5分
HP：http://www.299.jp/

★月替わりの「ふく蔵弁当」2592円

麦舎《むぎしゃ》 HIMMELI WORKS《ヒンメリワークス》

From 播州清水寺

自然素材の豊かさ、丁寧な手仕事のぬくもりを大切にした食事やスイーツを提供する古民家カフェ。2週間ごとに替わる人気のランチは、サラダ、オードブルプレート（5品）、メイン、自家製ライ麦パン、デザート、ドリンクと充実の内容。自家製ハーブソルトやグラノーラをはじめ、スコーンやカレーパンなどテイクアウト商品もすべて手作り。ゆったりとした時間の流れを楽しめる。

★ワークショップを多彩に開講中。詳細は HP で要確認

食べる　買う

住：加東市社 736-2
電：0795-42-4130
営：8：30 ～ 17：00
休：日・月曜　**P**：なし（商工会・商店街用駐車場を利用）　**アクセス**：中国自動車道滝野社 IC より 7 分
HP：http://ameblo.jp/soap-g/

ジェラートショップ ブリランテ

From 播州清水寺

前川牧場の健康な乳牛から搾った牛乳をそのまま使用したジェラートのお店。シーズン商品も含めて常時約 15 種類が並ぶ。おすすめは「ブラウンスイスミルク」（400 円）。日本では数百頭しかいない稀少品種の牛乳を使って作ったもので、深いコクと風味が味わえるワンランク上のジェラートだ。店内にはイートインスペースもあってうれしい。

★みるく 330 円、他の種類 350 円、ダブル 400 円

食べる　買う

住：加東市平木 535
電：0795-40-9020
営：10：00 ～ 18：00（1･2 月　は 12：00 ～ 17：00、7･8 月は 10：00 ～ 19：00）
休：月曜（祝日の場合は翌日）、7･8 月はなし
P：15 台
アクセス：中国自動車道ひょうご東条 IC より 20 分

共進牧場《きょうえいぼくじょう》レストラン ミルカーズ

From 浄土寺

共進ファミリー牧場の直営レストラン。ミルクで仕上げた生地が自慢のピザをはじめ、但馬牛のバーベキューセットのほか、ビーフステーキやハンバーグなど充実したメニューが自慢。ジャージー牛乳を 100% 使ったソフトクリーム（350 円）は、コクありなのにさっぱりで絶品！

五つ星ひょうごに選ばれた「極上ジャージプリン」など、おみやげも充実している。

食べる　買う

住：小野市浄谷町 1544
電：0794-63-7497
営：10：00 ～ 17：00
休：月曜　**P**：30 台
アクセス：山陽自動車道三木小野 IC より 10 分
HP：http://www.kyoshin-milk.jp/

★和風ハンバーグランチ（1000円）＋ミルク（100円）

兵庫

播磨国総社・射楯兵主神社《はりまのくにそうしゃ・いたてひょうずじんじゃ》

播磨国の守護職、姫路城主からも崇敬された

Information

電　話　079-224-1111
住　所　姫路市総社本町 190
参拝時間　6：00 ～ 17：30（夏期は 5：00 ～ 19：00、社務所は 9：00 ～ 17：00）
参拝料　なし
駐車場　40 台（最初の 1 時間 300 円、以降 30 分ごと 100 円）
H　P　http://sohsha.jp/

播磨国の鎮守にして縁結びや勝運の神様

５６４年に、飾磨郡に大己貴命《おおなむちのみこと》（兵主の神）を祀ると伝えられ、１４００年余りの歴史がある神社です。また同じく飾磨郡に奈良時代より射楯の神が祀られていたと『播磨国風土記』に記されています。その後、１１８１年には、播磨国内の神々を合わせ祀って「播磨国総社」と称し「播磨国総鎮守の神社」として広く知られるようになりました。

ご祭神は二神で、五十猛命《いたけるのみこと》という素戔嗚尊《すさのおのみこと》の子神で植樹の神様の「射楯大神」、大己貴命という大国主命とも呼ばれる縁結びの神様と名高い「兵主大神」です。

黒田氏の信仰も篤く、黒田家の軍旗のお祓いをしたのもこの神社だったそう。官兵衛の父・職隆が拝殿や神門を再建、官兵衛も制札を与えるなど、保護に務めました。

◀中央に神社の正式名と播磨之国総社の角印、右肩には神使・みみづくをかたどった「奉拝」の印が押されています。300円

黒田家の軍旗をモチーフにした戦勝祈願のお守り。「官兵衛勝守り」1000円

男性用、女性用としてカップルで持ちたいペア守り「ごえんさん」2000円

「縁結び守」1000円

三ツ山大祭に集合した日本全国の神様の御利益を込めたすべての願いに応えるパワー全開のお守り。「しあわせさん（幸せ山）守り」1000円

本殿北側に赤穂郡から明石郡まで播磨十六郡の神々をお祀りしている。それぞれの祠があり、これが「播磨国総社」たるゆえん

この神社の神使にちなんだ「撫でみみづく」。知性の象徴だけでなく吉兆を運ぶ瑞鳥ともいわれる

元は姫路城の城郭門だった神門。近年神社建築の様式で再建した。幅26m、高さ16mの国内最大級の楼門

Access

JR・山陽姫路駅より16分
車／姫路バイパス姫路南ランプより10分、播但連絡有料道路花田ICより12分

い・ち・お・し！

【ひめじ縁結び通り】

南参道の石畳に埋め込まれている「縁結びプレート」をたどって、南鳥居から本殿まで進み良縁を願いながらお参してお守りをゲット。プレートのハートの数「51」は「51→こい」…「恋よ来い」にかけています。

兵庫

廣峯神社《ひろみねじんじゃ》

拝殿（表参り）の参拝の後、本殿裏で九星詣り（裏参り）をするのが
この神社での独特な参拝の仕方

Information

電　　話　079-288-4777
住　　所　姫路市広嶺山 52
受付時間　9：00 ～ 16：30
参 拝 料　なし
駐 車 場　42 台（無料）
H　　P　http://www.hiromine-j.jp/

陰陽九星詣りで祈願
軍師・官兵衛ゆかりの宮

今から2000有余年の大昔、弥生時代に素戔嗚尊《すさのおのみこと》と五十猛尊《いそたけるのみこと》を白幣山《はくへいざん》に祀ったのが始まりと伝わっています。733年、遣唐使の吉備真備が唐から帰朝する途中、素戔嗚尊の神託を受け、聖武天皇に奏上し、翌年、白幣山に社殿を建立して社名を廣峯神社としました。

真備公は、日本に陰陽暦学を広めるため、主祭神である素戔嗚尊を牛頭天王・天道神（本殿中央）、奇稲田媛命《くしいなだひめのみこと》を歳徳神（本殿右側）、八王子を八将神（本殿左側）にして日本の「こよみの神」としました。

本殿裏にある九つの穴には一白水星から九紫火星までの九星の守護神が鎮まっており、運命星の穴に向かって願い事を3回ささやくと願いが叶うといわれ、この参拝法の「陰陽九星詣り」が評判です。黒田家三代ともゆかりが深く、軍師・黒田官兵衛の素質はこのお宮で高められました。

◀右肩には山の名前、中央にご祭神である素戔嗚尊の別名「武大神」、「牛頭天王総本宮」と神社名の角印が押されています。300 円

「夢結び守」500 円

「厄除け桃鈴」500 円

「官兵衛の智恵授」、「官兵衛の財福守」　各 500 円

絵馬　各 300 円

本殿は室町中期、拝殿は江戸時代に再建された建物で国内最大級といわれ、国の重要文化財に指定されている

本殿・拝殿から徒歩 20 分の白幣山の頂上にある荒神社、真備社

神秘の幸福桃 1500 円。幸桃（みくじ付き）と福桃（土鈴）。ご祭神の素戔嗚尊は、魔除け・厄除けの神様として広く信仰され、桃はそのシンボル

Access

JR・山陽姫路駅より神姫バスで競馬場前下車、タクシーで 10 分車／姫路バイパス姫路南ランプより 30 分、播但連絡有料道路花田 IC より 25 分

い・ち・お・し！

【九星詣りセット】

陰陽九星詣りの３点セット(500 円)。願い事を書いて自分の運命星の穴に入れる「九星祈願札」、願い事が叶うように財布などに入れる「九星御守」、災いや穢れを祓い祈願成就を祈る「九星御幣」のセットです。

兵庫

書寫山《しょしゃざん》 圓教寺《えんぎょうじ》

大講堂、食堂、常行堂がコの字型に立ち並んで「三つの堂（みつのどう）」を形成している

Information

電　話	079-266-3327
住　所	姫路市書写 2968
拝観時間	8：30 ～ 17：00　※季節によって変動あり
拝 観 料	500 円、別途特別志納金 500 円（山上のシャトルバス往復利用）
駐 車 場	250 台（山麓のロープウェイ駐車場利用・無料）
H　P	http://www.shosha.or.jp/

静寂な空間に大伽藍 西の比叡山ともいう巨刹

９６６年、性空上人によって開かれた、天台宗の修行道場の寺で、西国三十三所霊場の西端にあります。東の比叡山に対して西の比叡山とも呼ばれており、広い寺域には立派な堂宇が多く建ち並んでいます。

舞台造りの摩尼殿は山間に迫り出すように建つ迫力あるお堂。『ラストサムライ』や『軍師官兵衛』のロケ地にも使われた、常行堂、食堂《じきどう》、大講堂の「三つの堂《みつのどう》」はいずれも国の重要文化財に指定されています。常行堂の脇道を下った奥の院には、開祖の性空上人を祀る開山堂があり、軒下の四隅ある左甚五郎作と伝えられる力士の彫刻のうち西北隅の一つは、重さに耐えかねて逃げ出したという伝説が有名です。

紅葉の名所でもあるこのお寺。山の上に登ると、静寂で澄んだ空気に包まれ、日頃の喧騒を忘れてしまいます。

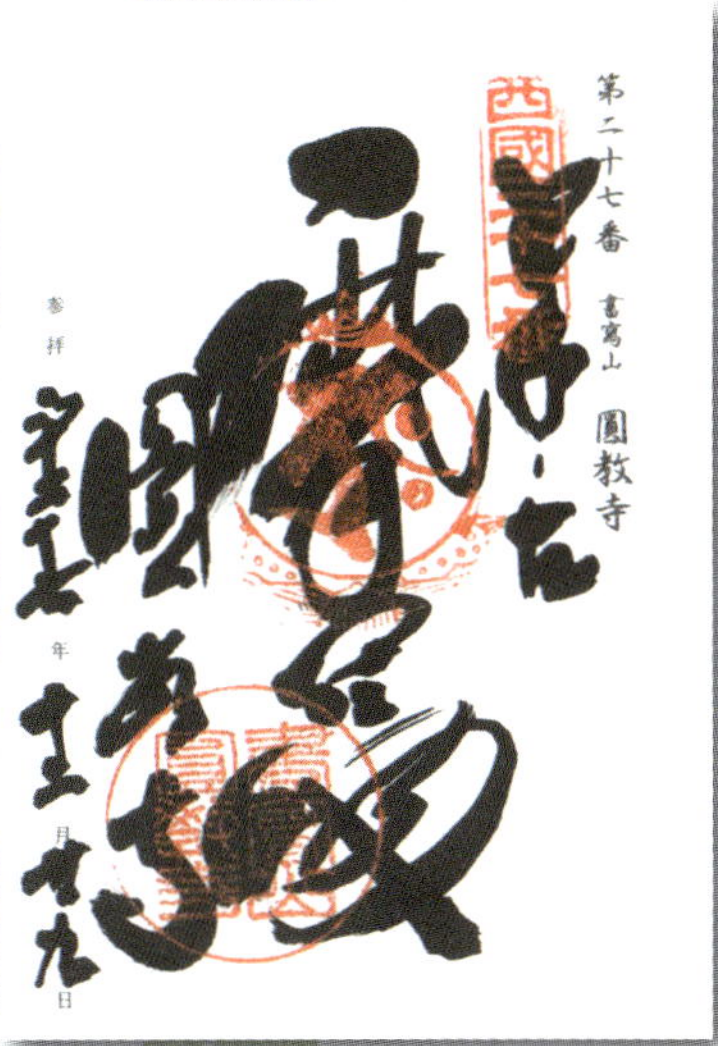

◀中央に、ご本尊の如意輪観音様が祀られた場所「摩尼殿」、その梵字の宝印が押されています。そのほか、開山堂や大講堂などのご朱印を食堂で受けることができます。各 300 円

表は摩尼殿、裏は大講堂が織りこまれたオリジナルご朱印帳 1000 円

「ゆめ叶守（桜）」500 円

摩尼殿が描かれた絵馬　500 円

赤と黒のコントラストがきいた「魔除け守」500 円

「開運厄除守」500 円

907 年創建の魔尼殿。本尊六臂如意輪観世音菩薩は、1 月 18 日、鬼追いの日に開扉される

書写ロープウェイで山頂まで 3 分の空中散歩。片道 500 円、往復 900 円。徒歩での入山も可能

全身が金箔で覆われ、色鮮やかなハスの上に座る姿に凛とした気品が漂うキュートな仏像「金剛薩埵坐像」は食堂の 2 階に安置されている

Access

JR・山陽姫路駅より神姫バス書写ロープウェイ行きで終点下車、ロープウェイへ。山上駅より 15 分
車／山陽自動車道姫路西 IC より 10 分、ロープウェイで山上駅下車 15 分

い・ち・お・し！

【写経体験（花びら写経）】

花びら型の散華（さんげ）の色紙にする写経。5 色あり、白は「一願」、紫は「縁組」など、それぞれ意味があります。裏に願い事と氏名を書き、15 ～ 20 分もあれば仕上がります。300 円

兵庫

斑鳩寺《いかるがでら》

中心は薬師如来。向かって右に日光菩薩、左に月光菩薩が並び、8 体の十二神将が両脇に立つ

Information

電　話	079-276-0022
住　所	揖保郡太子町鵤 709
拝観時間	自由（納経所は 9：00 ～ 17：00）
拝 観 料	なし（宝物殿・聖徳殿 500 円　※要予約）
駐 車 場	25 台（無料）
H　P	http://www.ikarugadera.jp/

太子ゆかりのお宝満載 多彩な仏像も見逃せない

１４００年の歴史がある斑鳩寺は、聖徳太子創建のお寺。６０６年、太子は推古天皇のために、豊浦宮で勝鬘経《しょうまんぎょう》のお話をされました。大変喜んだ天皇が太子に差し上げたのが法隆寺の荘園「鵤荘《いかるがのしょう》」。そこに建てた一つの伽藍が播州斑鳩寺の始まりでした。

広々とした境内には、国指定重要文化財の三重塔をはじめ、講堂、聖徳殿など各お堂が並んでいます。こちらで見逃せないのが聖徳殿のご本尊「植髪の太子」。太子16歳の尊像で、病気の父孝明天皇を見舞ったときの姿とされています。また、宝物殿で一列に並ぶ、薬師如来や日光・月光両菩薩、8体の十二神将も圧巻です。

講堂には、ご本尊として中央に釈迦如来像、右に薬師如来像、左に観世音菩薩像が安置され、毎年2月22日、23日のみ、ご開帳されています。

◀中央に、ご本尊の一人、如意輪観音が祀られた殿堂を意味する「如意殿」。その梵字の宝印が押されています。300円

庫裡の庭にある、樹齢350年を超えるさざんかの木

七難即滅のお守り（右）、交通安全お守り（左）。いずれも太子像の本物の着物の一部が使われていて、ご利益がありそう。各500円

中央に大きく聖徳太子が描かれた「聖徳太子勝鬘経講讃図」も宝物殿で見ることができる

斑鳩寺伽藍の中で最古の建造物。三重だが五重を思わせる均整の取れた建物で、西播磨では最初の国指定重要文化財

聖徳太子十六歳の孝養像を安置する伽藍。奥殿は、法隆寺夢殿を模した八角円堂

間口9mと大寺にふさわしい立派な仁王門。軒の出が大きく、安定感抜群。両脇に仁王像を安置

Access

JR網干駅より神姫バス山崎行きで鵤下車7分
車／山陽自動車道龍野ICより10分、太子たつのバイパス福田ランプより4分

い・ち・お・し！

【木像十二神将立像】

聖宝殿にある十二神将は、拳を振り上げたり、腰の横でガッツポーズをしたり、8体それぞれ形は違えど、いかにも強そう。現世の救世主「薬師如来」を守る頼もしいガードマンです。頭の上に乗った十二支の獣にも注目！

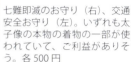

兵庫

赤穂大石神社《あこうおおいしじんじゃ》

義士討ち入り満 300 年を迎えた 2002 年に一新された社殿

Information

電　話	0791-42-2054
住　所	赤穂市上仮屋 131-7（旧城内）
参拝時間	8：30 ～ 17：00
参 拝 料	なし（大石神社義士史料館は 450 円）
駐 車 場	100 台（無料）
H　P	http://www.ako-ooishijinjya.or.jp/

義士のパワーにあやかり 大願成就を祈願する聖地

時は元禄14年、江戸城中松の廊下で浅野内匠頭長矩が、吉良上野介義央に刃傷に及ぶという大事件、それから1年10ヵ月後、家臣の大石内蔵助良雄《よしたか》ら四十七士が主君の恨みを晴らしたという余りにも有名な「忠臣蔵」。この神社には、この事件の当事者である赤穂藩主と内蔵助ら義士たちを祀っています。

表参道には、東側に討ち入りの表門隊23人、西側には裏門隊24人の石像が並んでいます。社殿の周りにある「忠臣蔵ものがたり」という絵馬型絵巻を読むと「忠臣蔵」の話がよくわかります。

義士宝物殿には義士ゆかりの遺品が並んでいます。討ち入りに使った采配や呼子鳥笛が残され、当時の義士たちの様子が目に浮かぶようです。大石邸庭園は内蔵助・りく夫婦や子どもたちが、戯れ遊んだところ。長屋門は当時のまま残っています。

◀本懐を遂げた義士にあやかり右上には「大願成就」の印。中央に神社名と右二つ巴の大石家の家紋の印が押されています。300 円

定番で人気の「勝守」。500 円

内蔵助の息子で、討ち入りにも加わった大石主税（ちから）にあやかる「力守」。ブルーが男性用、ピンクは女性用。各 500 円

オリジナルのご朱印帳。どちらも討ち入りの場面の浮世絵をモチーフにしている。各 1200 円

子宝陰陽石。向かい合う陽石（男性）と陰石（女性）とその間にある子石を、なでると夫婦和合、子孫繁栄にご利益がある

毎年 4 月第 2 日曜日には春の義士祭が行われ、女性が主役の「女人義士行列」が華やかに開催される

内蔵助が祖父、父と3代暮らした屋敷の長屋門は当時からそのまま残っている国史跡

Access

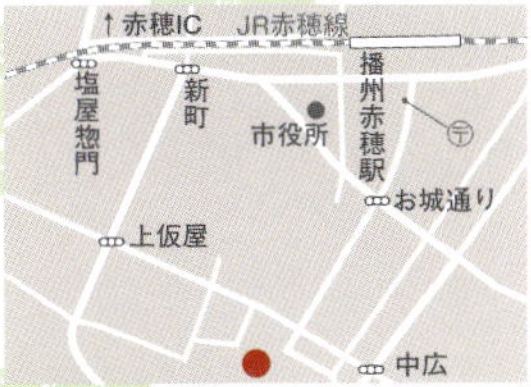

JR 播州赤穂駅より 17 分
車／山陽自動車道赤穂 IC より 9 分

い・ち・お・し！

【大石神社義士史料館】

義士宝物殿には、大石内蔵助や息子の主税が使用していた刀、堀部安兵衛着用の鎖頭巾など義士の遺品を展示。義士木像奉安殿には、平櫛田中ら当代超一流の木彫家 49 人による木像があり、見応えがあります。

御座候あずきミュージアム《ござそうろうあずきみゅーじあむ》

From 播磨国総社、廣峯神社、圓教寺

食べる　見る　買う

住：姫路市阿保甲 611-1
電：079-282-2380
営：10：00 ～ 17：00（入館は～ 16：00）
休：火曜
料：1200 円　**P**：60 台
アクセス：JR 姫路駅より 15 分　車 / 姫路バイパス姫路南ランプより 10 分
HP：http://www.gozasoro.co.jp/amuseum/

姫路発の回転焼「御座候」直営の、「小豆」をテーマとする世界初のミュージアム。植物としての小豆の展示から、歴史・文化まで、ここにくれば小豆のことは何でもわかる。小豆を使った料理や、ぜんざいなどを提供するレストランや庭園も併設しており、あんこを使ったスイーツなどの調理体験（要予約・有料）や工場見学（無料・10：30 ～、11:00 ～）も楽しい。工場ショップでは、限定の「あずきソフト」や焼きたての御座候を食べられる。一般 1200 円、小中学生 600 円

★あずきの王様「エリモショウズ」のオブジェ

★照葉樹の庭を一望できるレストラン

うどん屋《うどんや》　麦《ばく》

From 播磨国総社、廣峯神社、圓教寺

日本三大うどんの一つとされる「五島うどん」。ぷるんとした食感と豊かな風味が魅力だ。五島うどんと自家製手打ちうどんから好みをセレクトし、出汁に厳選の大分県の醤油を混ぜていただくというのが「麦」のスタイル。

★写真は「天ぷら」850 円。「かまたま」650 円が人気

食べる

住：姫路市鍛治町 2
電：079-227-7997
営：11：30 ～ 14：00、18：00 ～ 21：00（各 30 分前 LO）
休：火曜　**P**：4 台
アクセス：神姫バス河間町下車 2 分
HP：http://udonbu.com/

PARLAND COFFEE《パーランドコーヒー》

From 播磨国総社、廣峯神社、圓教寺

食べる

住：姫路市伊伝居 8
電：079-225-1770
営：11：30 ～ 18：00
休：水・木曜　**P**：8 台
アクセス：神姫バス慶雲寺前下車すぐ
HP：http://www.cafe-parland.com/

スペシャルティコーヒーのシングルオリジン 2 種類と深煎りのブレンドを楽しめる専門店。オーガニックな食材にこだわる自家製スイーツはガトーショコラなど常時 5 ～ 6 種類がスタンバイ。緑と光が注ぐ店内でゆったりと過ごせる。

あこうぱん

From 赤穂大石神社

創業は昭和30年代。常時260アイテム、週末にはそれ以上のパンが並ぶ。赤穂みかんや牡蠣、牛乳など赤穂産の農水産物のおいしさを届けるパン、赤穂義士の魂にふれる義士バーガーほか、一度は食べたい、毎回買いたい魅力的なパンがいっぱい。

買う

住：赤穂市加里屋中洲6-24　**電：**0791-42-3565
営：6：00～18：30、土・日曜、祝日7：00～18：00
休：火曜、第3月曜
P：10台
アクセス：JR播州赤穂駅より13分
HP：http://www.akopan.com/

アジアンエスニック料理 MAYA《マヤ》

From 斑鳩寺

食べる

住：揖保郡太子町広坂747-5　**電：**079-275-3355
営：8：00頃～15：00、17：00～21：30
休：月曜（祝日は営業）
P：12台
アクセス：太子竜野バイパス太子北ランプより3分

★ランチはセットメニューいろいろ

インドやネパールなどアジアのエスニック料理専門店。香ばしくてふわふわのナンが絶品で、チーズ、ほうれんそうなど種類も豊富。カレーはひきたてのスパイスを使う「薬膳カレー」が名物。陽気なネパール人シェフのパフォーマンスも楽しい。モーニングもある。

SAKURAGUMI《さくらぐみ》

From 赤穂大石神社

近畿圏はもちろん、遠くは北海道や沖縄からもお客さんが訪れる全国区のイタリアン。マスター・西川明男さんの誇りは、料理とともに楽しめる、ナポリに勝るとも劣らないこの景観だ。オイルやトマト関係はナポリから輸入するが、魚、野菜といった生鮮ものは、赤穂を中心とした瀬戸内産がメイン。昼夜ともに、これらの食材を駆使したおまかせコースで、お客さんはリピーターがほとんどだとか。わざわざ食べに行きたくなる名店。

食べる

住：赤穂市御崎2-1
電：0791-42-3545
営：11：30～15：30（13：30L.O.）、18：00～22：00（20：30L.O.）
休：火曜、第1水曜、第3月曜　**P：**なし（観光駐車場を利用）
アクセス：山陽自動車道赤穂ICより15分
HP：http://www.vera-pizza-sakuragumi.co.jp/

★アイデアマンのシェフ、西川明男さん

茅葺き屋根の本堂は、山に抱かれた素朴な佇まい。
自然に囲まれた風景に心が癒される

兵庫

達身寺《たっしんじ》

Information

電　話　079-582-0762
住　所　兵庫県丹波市氷上町清住 259
拝観時間　9：00 ～ 16：00
拝観料　400 円
駐車場　約 30 台（無料）
H　P　http://www.tashinji.jp/

千年以上の歴史をもつ謎に包まれた仏像に注目

石段を上ると茅葺き屋根の本堂があり、「丹波の正倉院」と呼ばれる達身寺。行基《ぎょうき》菩薩《ぼさつ》によって開かれたと伝えられていますが、その前身は謎につつまれています。戦国の時代には僧兵をかかえた山岳仏教の大寺院でしたが、織田信長の丹波平定の際に寺を焼かれました。1695年、村に疫病が流行り、仏を粗末にしているとお告げがあったことから、放置されたままの仏像を集め、潰れかけていたお堂を修復して祀りました。本尊仏や兜跋毘沙門天《とばつびしゃもんてん》が数多く、未完成の仏像も多いことなど、様々な説がありますが、木彫仏で「達身寺様式」といわれる特徴的な仏像の数々は必見です。

周辺は季節の花々で彩られ、春には自然の群生地としては関西最大規模のカタクリの花が咲き誇ります。秋にはコスモスや紅葉など、訪れる人の目を和ませてくれます。

◀中央の「稲麻殿（とうまでん）」は、中国の言葉。達身寺では「仏さんがたくさんおられて、いろいろな人がお参りに来るお寺」の意味で書かれています。300円

「西国薬師四十九霊場」の第二十五番。ご朱印帳 2000円

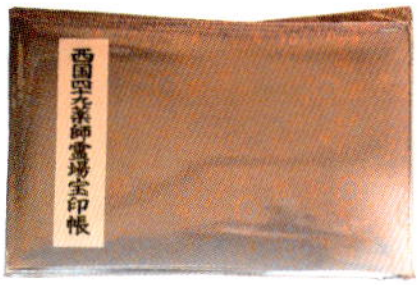

ご本尊が描かれた達身寺せんべいは、秋だけの限定。500円

丹波の歴史あるお寺を巡る「丹波古刹十五ヵ寺霊場」の第六番。収集帖 1000円

檀家さんが作った工芸品なども販売。「苦難をとり去る（猿）」各 1000円

ご本尊の阿弥陀如来坐像。右に薬師如来坐像、左に十一面観音座像が並ぶ。達身寺独特の三尊仏は国の重要文化財

長い年月の間置き去りにされていた仏像を集めて修繕し、安置している

背景の山や庭の木々から季節の移ろいが感じられる

Access

JR 福知山線柏原駅または石生駅よりタクシーで 15 分
車／北近畿自動車道氷上 IC より 15 分

い・ち・お・し！

【カタクリの花】

達身寺の周辺には、春は水仙、夏は蓮、秋はコスモスなどの花が咲き誇ります。なかでも達身寺から徒歩 10 分ほどの山裾に咲くカタクリの花は必見。薄紫色の可憐で繊細な花は、ヨーロッパで「春の妖精」とも呼ばれています。

経典が治められている多宝塔（三重塔）。正面には毘沙門天が祀られている

兵庫

高源寺《こうげんじ》

四季折々に美しく映える
長い歴史の丹波の古刹

遠谿祖雄《えんけいそゆう》禅師によって、１３２５年に開かれた臨済宗・中峰派の本山。早くに出家した遠谿祖雄禅師は中国に渡り、杭州の天目山で修業をして悟りを開きました。その後、天皇の命による祈願のための寺である勅願寺となり、日本全国に末寺がありました。数代にわたり、外国語ができる住職が海外とのつながりや橋渡しなど、外交官的な役割も果たしていました。のちに明智光秀の丹波攻めによって建物のほとんどを焼失してしまいますが、１７９９年に再建されました。

　中国・杭州の天目山は、山の上に天を見る目のような池が２つあったことからその名がついた山奥にある岩山で、高源寺を囲む景色によく似ているそうです。境内のカエデの多くは、遠谿祖雄禅師が天目山より持ち帰った天目カエデ。初夏の新緑、秋の紅葉と訪れる人を楽しませてくれます。

Information

電　話	0795-87-5081
住　所	丹波市青垣町桧倉 514
拝観時間	8：00 ～ 17：00
拝観料	300 円
駐車場	100 台（無料）
H　P	http://kougenji-tanba.or.jp/

◀天皇家ゆかりの菊の紋と勅願所の印、お釈迦様の宝印、神社の角印が押され、「大いなる悟り」を意味する「大覚殿」の文字が書かれています。300円

散華１セット 800円

手に握ってお願いをする陶器製の「お願い地蔵」500円

紅葉の葉で染色した素朴な風合いの「丹波布御守」800円

実物の紅葉を和紙でコーティングした、一つひとつ手作りのオリジナルご朱印帳2200円

関西花の寺二十五ヵ所霊場会専用のご朱印帳。高源寺は第四番

ご本尊の釈迦如来坐像が祀られている仏殿

別名紫鳳楼と呼ばれる山門。2階にはお釈迦様と十六羅漢を祀っている

惣門からの参道は「紅葉のトンネル」。紅葉のシーズンは、とても美しい

Access

JR 福知山線柏原駅より神姫バス佐治行きで佐治車庫前下車、タクシーで10分
車／北近畿豊岡自動車道青垣 IC より10分

い・ち・お・し！

【天目カエデ】

四季折々に訪れる人の目を楽しませてくれる高源寺のカエデは、遠谿祖雄禅師が禅の修行をしていた中国・杭州の天目山から持ち帰って植えたもの。小さくて切れ目の深い葉で、枝が垂れ下がるのが特徴です。

兵庫

王地山まけきらい稲荷《おうじやままけきらいいなり》

稲荷本殿から赤い鳥居がずらりと連なる長い石段を
200 段ほど下ると一の鳥居がある

Information

電　　話　079-552-0655
住　　所　篠山市河原町 92
参拝時間　自由（社務所は 9：00 ～ 16：00）
参 拝 料　なし
駐 車 場　10 台（無料）
H　　P　http://www.makekirai.com/

開運大勝利のご利益のある王地山のお稲荷さん

篠山藩主の青山忠裕公が江戸幕府の老中だった文政年間のころ、毎年催される将軍御上覧大相撲で、まけてばかりだった篠山藩の力士。ある年篠山からやってきた王地山平左衛門らの力士が、すべて勝ち星をおさめました。忠裕公は大喜びで力士たちをもてなそうとしたところ姿が見えず、篠山から力士を差し向けていなかったことがわかります。調べてみると、力士の四股名がすべて御領内のお稲荷さんの名前で、忠裕公はそれぞれの稲荷に幟や絵馬を奉納して感謝したそうです。これが「まけきらい稲荷」の起こりで、以来、勝利の神様として広く信仰されています。

本院は日蓮宗の本経寺で、奥の院として稲荷が祀られたのが王地山。現在は王地山公園の西側に鎮守である王地山稲荷の本殿・中殿・拝殿などのほか、「まけきらい稲荷」が祀られた石社があります。

◀中央にご本尊名が書かれ、「お釈迦様のおっしゃるようにすると諸々の怨敵を催滅することができる」というお経の言葉を表した印が押されています。300円

まけきらい絵馬 1000 円

願掛け鳥居 2000 円

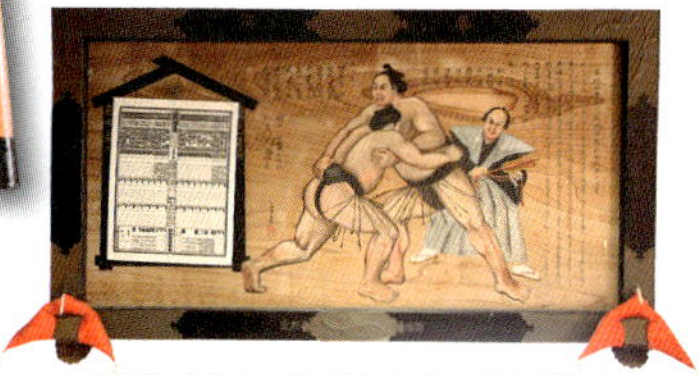

稲荷本殿に飾られている王地山平左衛門勝利大相撲の由来

桧皮葺きの上に銅板を葺いた稲荷本殿・中殿拝殿

足や腰の痛みをやわらげてくれるご利益がある石段中ほどの「平吉稲荷」

勝利守護・開運大勝利のご利益がある「まけきらい稲荷」

Access

JR 福知山線篠山口駅より神姫バス篠山営業所行きで 25 分、立町下車 3 分
車／舞鶴若狭自動車道丹南篠山口 IC より約 10 分

い・ち・お・し！

【籠堂《こもりどう》（文雅叢《ぶんがそう》）】

まけきらい稲荷横の階段を下りたところにある信徒休憩所は、京都の清水の舞台のように山の斜面に縁下を櫓に組んで建てられた風情のある建物。明治 44 年の建築で、下にある公園の梅や桜を見下ろすことができます。

兵庫

文保寺《ぶんぽうじ》

歴史的風格のある楼門は篠山市内最大規模で、
市の文化財に指定されている

Information

電　話　079-594-0073
住　所　篠山市味間南 1097
拝観時間　自由（寺務所は 9：00 ～ 17：00）
拝観料　なし（11 月のみ入山志納金が必要）
駐車場　50 ～ 60 台（無料）
H　P　http://bunpoji.com/

木々からのパワーあふれる山に囲まれた紅葉の名所

６４５年、インドより中国を経て日本に仏教を伝えたといわれる法道《ほうどう》仙人によって開かれました。最盛期には21坊の堂舎があったといわれ、１６９３年の寺社改帳には5院16坊があったと記されています。現在は観音堂、仙人塔、愛宕社、山王社、鐘楼、大師堂、惣門、仁王門（楼門）があり、鎌倉五山筆頭の建長寺の楼門を模して建立された風格のある仁王門は、篠山市の指定文化財になっています。ご本尊は法道仙人自作の聖観世音菩薩と千手観音菩薩で、本堂（観音堂）に祀られています。

仁王門を抜けて本堂へと続く参道は自然豊かで、森林からあふれるパワーたっぷり。春はソメイヨシノやヤエザクラ、ヤマザクラなどの桜が咲き誇り、秋は紅葉が美しく、たくさんの人が登山やハイキングに訪れます。

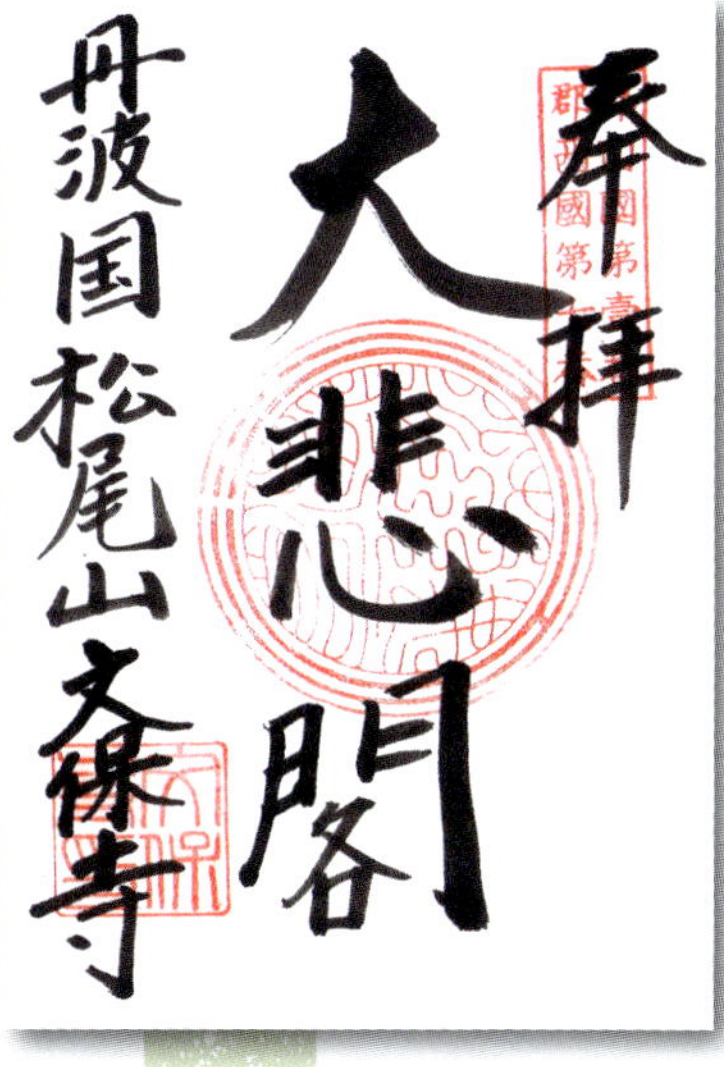

◀中央に書かれた「大悲閣」は観音様をお祀りするお堂を意味します。ご朱印は駐車場近くの観明院で。300円

秋の紅葉の時期にはせんべいを販売。
10枚入り500円

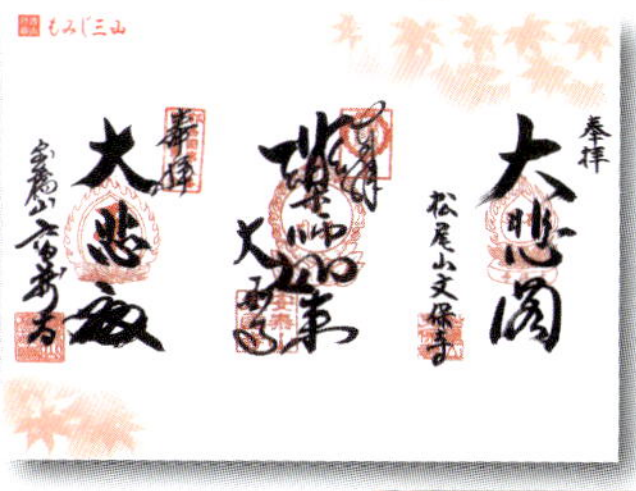

紅葉のシーズンに文保寺、高蔵寺、大國寺の三ヵ寺を回ると「丹波篠山もみじ三山」のご朱印がもらえる（11月1日〜末日）

明智光秀の丹波攻めで焼失したが、江戸時代に再興した本堂

3か所ある塔頭寺院のひとつで、通称下寺と呼ばれている観明院。ご朱印はこちらで

本堂の近くにある木には、キュートなハート型の樹洞が。探してみてね

Access

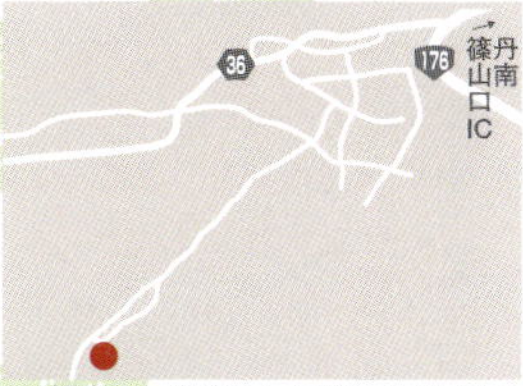

JR福知山線篠山口駅よりタクシーで7分
車／舞鶴若狭自動車道丹南篠山口ICより7分

い・ち・お・し！

【中井権次の彫刻】

丹波・但馬・丹後・播磨などの神社仏閣に数々の作品を残した丹波の名彫物師、中井権次一統。文保寺には、拝殿の扉に中国の神仙説話をもとにした12枚の彫刻が残されています。

兵庫

養父神社《やぶじんじゃ》

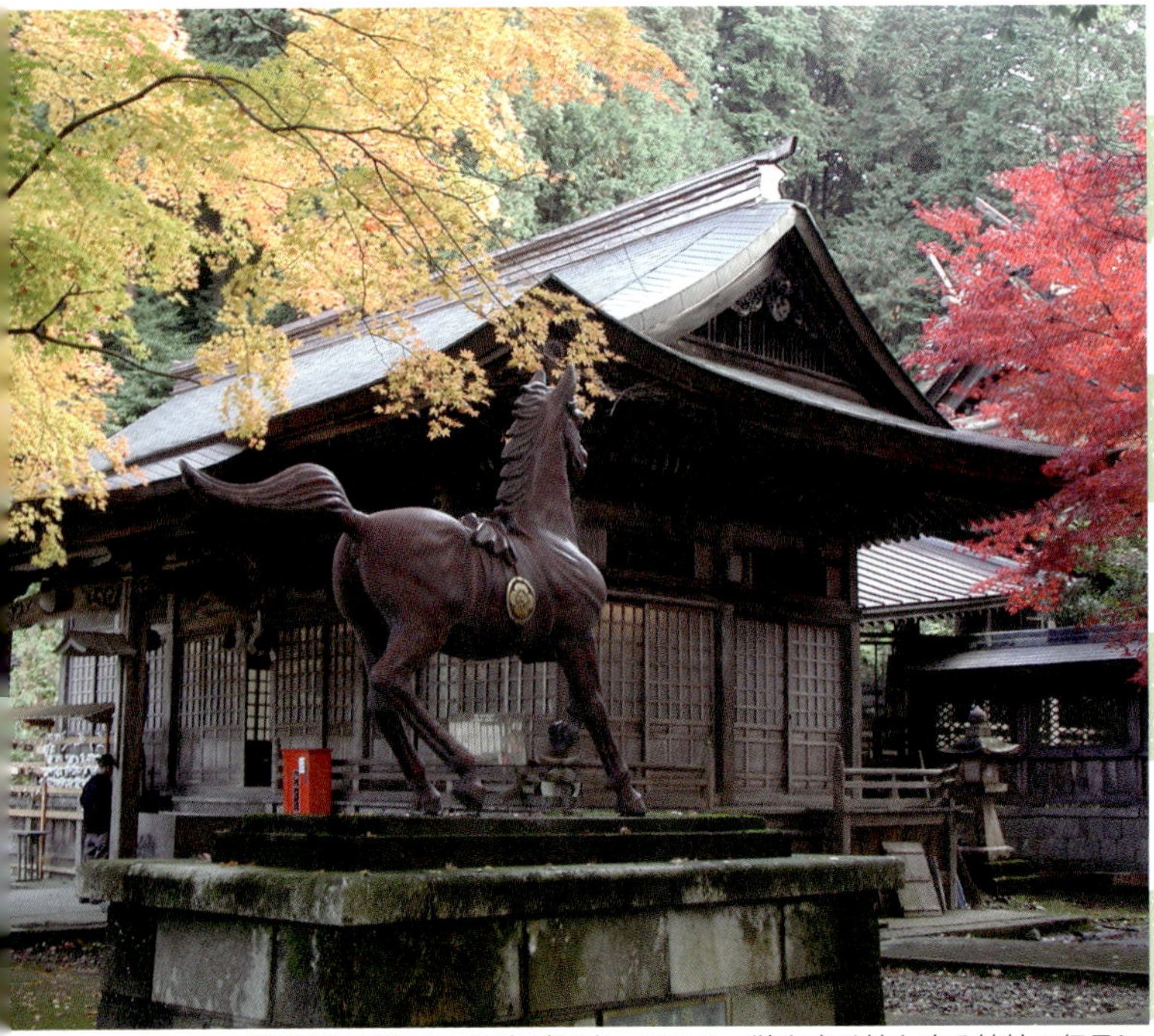

拝殿前には狛犬と猪像が見守っている。狼を守り神とする神社の伝承にちなんで造られた

Information

電　話　079-665-0252
住　所　養父市養父市場 840
参拝時間　自由（社務所は 8：00 ～ 18：00）
参 拝 料　なし　※ 11 月中は環境整備協力金 100 円
駐 車 場　50 台（無料）
H　P　http://www.yabu-jinja.jp

由緒正しき但馬の古社 県下有数の紅葉スポット

養父神社は、「延喜式」の神名帳にも記される歴史ある社です。古くは神社の前に但馬牛の市が立ち、取引の神や農業の神として信仰を集めました。周辺で盛んだった養蚕の神、猪や鹿から田畑を守る神としても大切にされてきました。

境内には「狼の宮（山野山神社）」「猫の宮」「鯉の宮」など、6つの境内社があり、「養父の明神さん」として親しまれてきたことがわかります。江戸時代に建てられた拝殿は、あの伊能忠敬の測量隊も見た建造物です。豪華な彫刻が施された本殿の柱なども必見です。

こちらは兵庫県下でも有数の紅葉スポット。秋になると山全体が真っ赤に染まります。もみじまつり限定のもみじのお守をはじめ、縁結び、長寿祈願の「福久老《ふくろう》」など、多彩な縁起物も魅力で、何を授与しようか目移りしてしまいます。

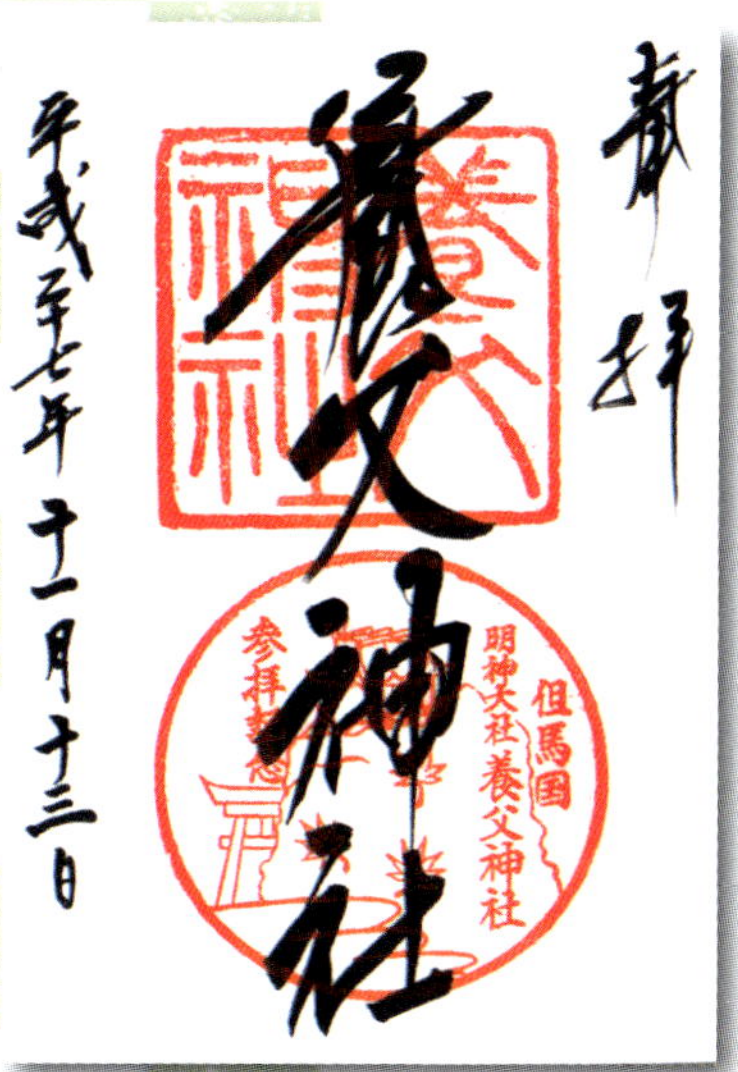

◀中央に神社名と角印、紅葉入りの丸い印も押されています。他に山野口神社のご朱印もあります。各 300 円

もみじまつり限定のお守り 500 円

狼像や拝殿、鯉、紅葉などが織り込まれたオリジナルのご朱印帳　1500 円（ご朱印入り）

女性に人気の猫の目の鈴。猫の目のように夜光り厄払いになる。500 円

地元のはちみつや但馬醸造の生姜酢などが入ったドリンク「養父ジンジャー」８８０円

手作り福久老のお守り各 500 円

「狼の宮」と呼ばれる山野口（やまのくち）神社。猪鹿の害を防ぐほか、憑き物や流行病への霊験あらたかなお宮である

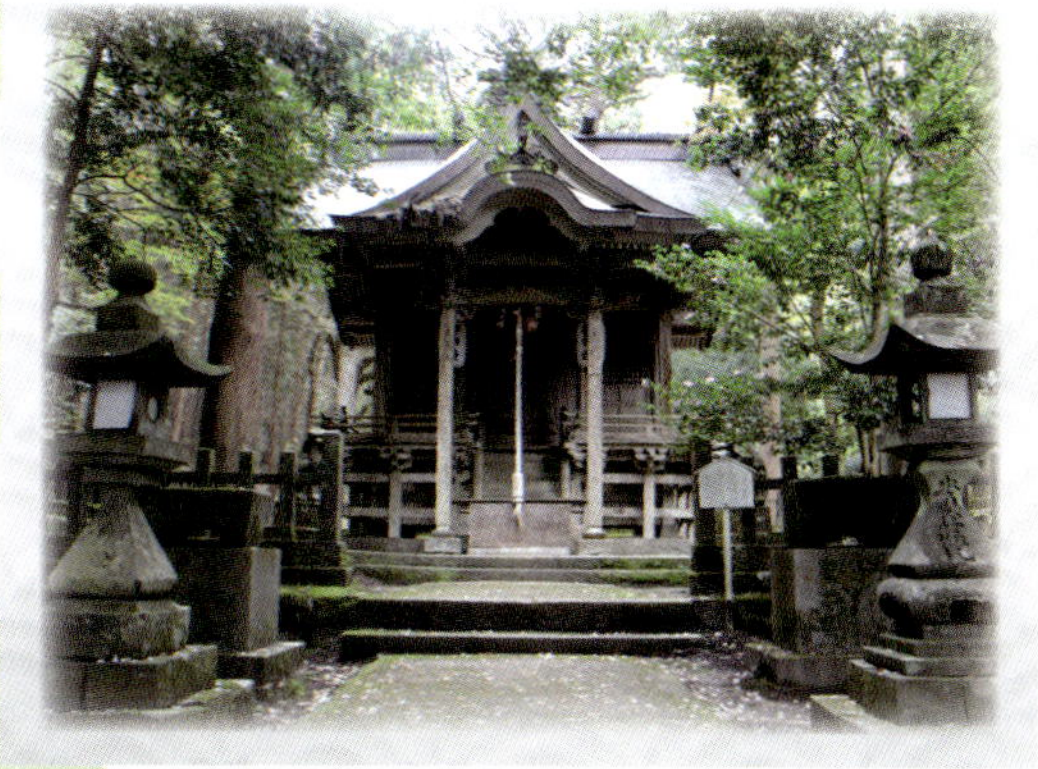

紅葉のシーズンには山全体が真っ赤に染まり、多くの参拝客でにぎわう

昔から鯉にゆかりがあり、鯉（恋）の神として、女性の守り神である鯉を飼育している

Access

JR 養父駅よりタクシーで 12 分車／北近畿豊岡自動車道養父 IC より 10 分

い・ち・お・し！

【恋昇鯉（こいのぼり）】

紅白の鯉の形をした恋みくじ。釣竿で好きな鯉を吊り上げます。鯉のしっぽに入った「おみくじ」で恋の行方を占います。「星座・血液型・年齢差」などが具体的に示されているのが特長。縁も引き寄せられそうです。

但馬 安國寺《たじまあんこくじ》

座敷では観賞タイムと撮影タイムがはかられるよう
スタッフがうまく誘導してくれる

Information

電　話	0796-54-0435
住　所	豊岡市但東町相田 327
拝観時間	8：00 ～ 19：00（最終受付 18：30） （本堂公開は、11 月上旬～下旬の紅葉観賞参拝公開期間中のみ）
拝 観 料	なし（紅葉観賞参拝公開期間中のみ 300 円）
駐 車 場	60 台（無料）

額中の日本画を思わせる真っ赤なドウダンツツジ

但馬安國寺は、太平山安國禅寺と称し、室町幕府初代将軍・足利尊氏が、夢窓疎石国師のすすめで、国家泰平祈願の一国一寺・一塔の建立を発願した68安国寺の一つ。元弘の役などによる戦没者の慰霊と後醍醐天皇の冥福を祈るためでした。

度重なる火災のため、ほとんどの寺宝を失い、今は本尊の釈迦如来、室町時代に作られた聖観音菩薩、シルク温泉ゆかりの薬師如来など三像を残すばかりとなりました。

1904年、本堂が再建された際に裏庭の斜面に植えられたとされるドウダンツツジが有名で、緋毛氈を広げたように色づく紅葉は見事。座敷から2間の障子枠越しに眺めると、まるで額に入った日本画のよう。ツツジの木は元々1本。手入れはほとんどせず自然のままで残っています。この景観を求めて休日は多くの人でにぎわい、付近にはみやげ物の店も並びます。

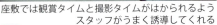

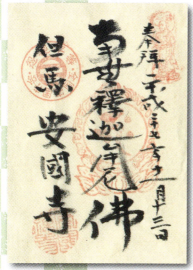

◀中央にご本尊をあらわす「南無釋迦牟尼佛」の文字とその梵字が入った宝印、左上には全国安国寺会の印、左下には寺の印が押されています。ページュの別紙のみ授与しています。300円

本堂に上がれるのは公開期間のみ。多いときは1日3000人以上の人でにぎわう

今は質素な佇まいだが、室町時代は七堂伽藍を有した堂々たる構えであった

胎内銘に「永正13年（1516）11月28日」と記される特別拝観の「聖観音菩薩像」

本堂から外に廻ると庭の斜面を彩っているドウダンツツジが見られる。それなりに美しいがやはり座敷前から見るのが一番

但東シルク温泉湧出とゆかりがある薬師如来は、「相田温泉薬師」と命名され、但東シルク温泉の守護尊となっている

Access

車／北近畿豊岡自動車道山東 IC より 37 分

い・ち・お・し！

【豊かな自然】

寺の周りには豊かな自然が残り、旧字跡にはナツツバキの群生（開花6～7月）、ドウダンツツジ（花4～5月、紅葉11月）、裏池のモリアオガエル（産卵が5～7月）と、自然の恵みを堪能できます。

境内には、本堂や三重塔、鐘楼などが立ち並んでいる。こんな山の頂上に立派な伽藍が多数あるのが驚き

兵庫

先山《せんざん》　千光寺《せんこうじ》

Information

電　話　0799-22-0281
住　所　洲本市上内膳 2132
拝観時間　6：00 ～ 17：00
拝 観 料　なし
駐 車 場　20 台（無料）

国生み神話ゆかりの山 風光明媚な淡路の名刹

先山《せんざん》は伊弉諾命《いざなぎのみこと》と伊弉冉命《いざなみのみこと》の二神が国生みのとき、最初に創った山といわれ、その優美なシルエットから「淡路富士」とも呼ばれています。千光寺は先山山頂にあり、古くから人々の信仰を集めてきました。大猪に化身した千手千眼観世音菩薩に導かれた狩人が、この地に寺を開基したという不思議な縁起も伝わっています。そこから狛犬ならぬ狛猪が、本堂前で参拝者を迎えるようになりました。

まさか海抜１５００ｍの山頂に、本堂、三重塔をはじめ、運慶作と伝わる仁王像や鐘楼、伊弉諾命《いざなぎのみこと》や伊弉冉命《いざなみのみこと》が祀られた祠があるとは思いもよらず、その立派な伽藍に圧倒されます。風光明媚な霊峰にふさわしく、山の上は違う空気が流れているかのようです。淡路西国、淡路四国、淡路島十三仏、各霊場の第一番札所にふさわしい名刹です。

◀中央には一番上に観音様の梵字、山号と本堂である「大悲殿」が入り、梵字入りの蓮華の宝印を押印。左には「大日本最初峰」の印が押されています。300 円

淡路島十三仏霊場第一番のご本尊、不動明王が刻まれたお守りや不浄お守り、観音さんのお守りなど、お守りは各 500 円

境内では縁起にちなんだ珍しい狛猪が見られる

先山は伊弉諾命と伊弉冉命が祀られた祠「二柱御大神」。国土創生のとき最初に作られたことから「先山」と名付けられた

朱塗りの立派な仁王門。仁王像は、運慶作と伝えられている

国の重要文化財にも指定されている梵鐘。下から見てもわかるように美しい梵字が印されている

Access

車／神戸淡路鳴門自動車道洲本 IC より 19 分

い・ち・お・し！

【舞台・洲本八景】

山頂からの眺めは「洲本八景」の一つにも数えられており、天気がよければ紀淡海峡や四国まで望め、信仰の山の静かな雰囲気や、自然の豊かさを満喫しながら、眼下に広がる絶景を楽しむことができます。

兵庫

おのころ島神社《おのころじまじんじゃ》（自凝島神社）

遠くからもひときわ目立つ朱塗りの大鳥居。高さ 21.7m で日本三大鳥居の一つといわれる

Information

電　話	0799-42-5320
住　所	南あわじ市榎列下幡多 415
参拝時間	9：00 ～ 17：00
参拝料	なし
駐車場	100 台（無料）
H　P	http://www.freedom.ne.jp/onokoro/

日本発祥の地であり日本の神々誕生の聖地

国産みの男神・伊弉諾命《いざなぎのみこと》と女神・伊弉冉命《いざなみのみこと》二神を祀る神社。『古事記』『日本書紀』の国生み神話によると、伊弉諾命と伊弉冉命が、天の浮橋に立って、天の沼矛《ぬぼこ》で青海原をかき回し、その矛から滴る滴がおのずと凝り固まってできたのが「自凝島《おのころじま》」。二神はこの島に降り立ち、淡路島・隠岐島・壱岐島をはじめ日本の国土を生んだとされています。

インパクトのある朱塗りの大鳥居のふもとにあるこの神社は、意外にこぢんまりとしていますが重厚な雰囲気。二神の国生みのきっかけとなった「鶺鴒石《せきれいいし》」はパワースポットとしても有名で、連休ともなれば縁結びを求めるたくさんの女子が行列をなすそう。お砂所には「安産の塩砂」もあり、安産の神様としても崇敬され、日本発祥の地として「生み」のパワーにあふれています。

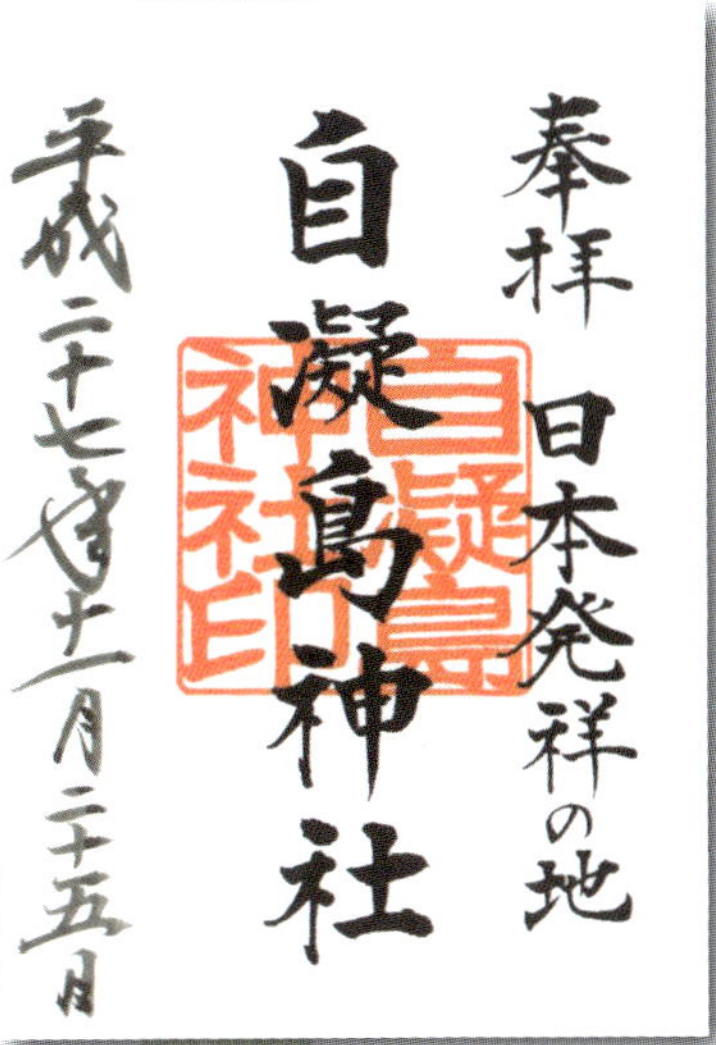

◀「奉拝」の下には「日本発祥の地」の文字。中央に神社の名前と印が押されています。300 円

えんむすびお守り。男性用は赤、女性用は白。各 800 円

伊弉諾命、伊弉冉命の国生み神話をモチーフにした絵馬。500 円

安産にご利益があるお砂所の砂塩。500 円

「は〜とふるアイランド淡路」オリジナルの恋愛成就絵馬で、この神社で奉納できる。500 円

伊勢神宮と同じ神明造の正殿。伊勢神宮の内宮の鰹木（かつおぎ）は 10 本、外宮は 9 本で、こちらは 8 本ということ

産宮神社（お砂所）。大八洲の国生みの故事である「天の沼矛」から滴り落ちた塩入りの砂なので、安産の神様としても崇敬される

正殿の東側にある古い夫婦松（こえ松）の御神木

Access

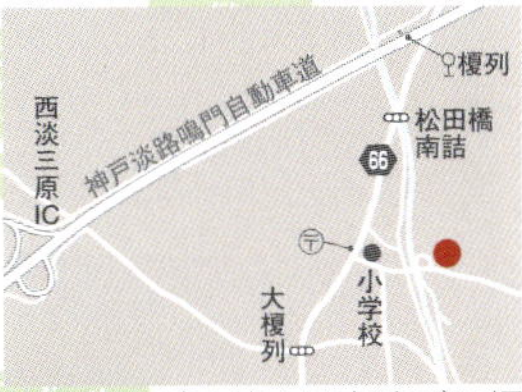

高速舞子バス停より高速バス福良行きで榎列下車 10 分
車／神戸淡路鳴門自動車道西淡三原 IC より 7 分

い・ち・お・し！

【鶺鴒石《せきれいいし》】

縁結びにご利益がある石。二神が国生みをするとき、鶺鴒の交尾の姿を見て、夫婦の道を開かれたといわれています。紅白の綱がかけられ、ご縁を求めるときは白→赤、絆を深めたいときは赤→白を握るとよいそう。

淡路島 七福神めぐり

国生みの神話によれば、伊弉諾命と伊弉冉命が最初に創った島が淡路島とされています。淡路島には400余りの古刹が点在しており、とりわけ七福神は、古くから篤い信仰を集めてきました。恵美酒大黒をはじめ、七福神をそれぞれお祀りする寺院が島全体に点在し、まさに淡路そのものが七福神乗り合いの宝船と見立てられます。7カ寺をすべて回れば島をぐるりと一周でき、開運招福のお参りの旅となります。ご朱印は各寺300円で受けられます。

【寿老人】宝生寺 ほうしょうじ

740年、聖武天皇の勅命により、行基が自ら刻んだ地蔵菩薩を安置したのがはじまり。右手に長寿の杖、左手に若さのシンボルである桃を持つ寿老人は、達者で長寿を授ける神。境内の長寿橋を一度渡ると10年長生きできるといわれています。

<参拝記念品>
ミニサイズのろうそく

住：淡路市里 326
電：0799-62-2905
P：50 台（無料）

祈願寿老人　各 500 円

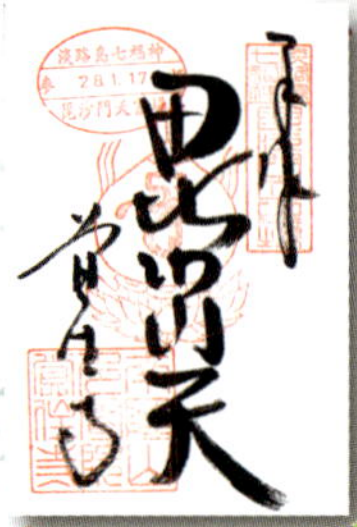

【毘沙門天】覚住寺 かくじゅうじ

592年、聖徳太子の勅命により創建されたと伝わる寺で、淡路島最古の寺院の一つとされています。清く、正しく、力強く生き抜く勇気と決断を授ける神「毘沙門天」が祀られており、1月1日～旧正月3日にご開帳されます。

白へびのお守り
500 円

<参拝記念品>
延命長寿や無病息災を願う福寿延命箸

住：南あわじ市神代社家 343
電：0799-42-0436
P：30 台（無料）

【How To】

最初にお参りしたお寺でハッピー券を発行してもらい、各寺で祈願料 200 円を納めると、開運祈願や法話など各寺で趣向を凝らした接待が受けられます。お参りはどの寺からはじめても OK 。7 カ寺を参詣し、ハッピー券に福印が 7 つそろうと吉兆福笹が授与されます。
参拝受付：8：00 ～ 17：00
問い合わせ：0799-65-0026
（代表：八浄寺）

【大黒天】八浄寺《はちじょうじ》

淡路七福神霊場の総本院。室町時代から続く高野山真言宗の古刹。1・5・11月の26日のみ開帳される秘仏「開運大黒天」は、身・心の福徳を授ける神。本堂の屋根には日本でここだけという鬼瓦ならぬ福瓦がのっています。

<参拝記念品>
幸福を願った幸せ三倍マッチと幸せが実る花の種

住：淡路市佐野 834
電：0799-65-0026
P：30 台（無料）

「身代り石」500 円

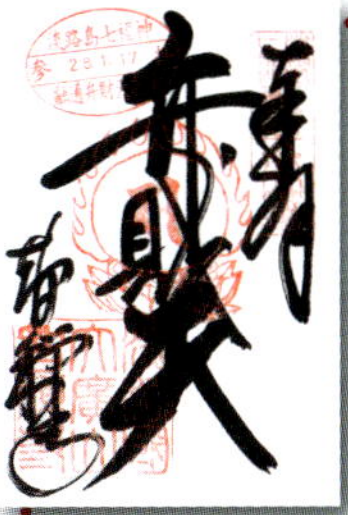

【弁財天】智禅寺《ちぜんじ》

大日如来をご本尊とし、仏法有縁の修行道場として開かれました。音楽の神であり、水を司る弁財天は紅一点の神様。智恵と財産を授け、言葉づかいも音楽の一つとして他人を思いやる良妻賢母の道を示します。

<参拝記念品>
般若心経がしたためられた燈明消し

男性が金色、女性が銀色を持つ「金銀如意宝珠御守」各 500 円

住：淡路市草香 436
電：0799-86-1472
P：50 台（無料）

【福禄寿】長林寺《ちょうりんじ》

737年、行基が七堂伽藍を創建し本尊十一面観音菩薩像を安置したのがはじまり。901年、菅原道真公が参詣したという言い伝えが残っています。福禄寿は大願成就を授ける神。寺では全長90㎝の福禄寿が迎えてくれます。

<参拝記念品>
福禄寿・鶴と亀のイラストが表紙を飾るメモ帳

「目出度福禄寿七福神守護」500 円

住：洲本市五色町都志万才 975
電：0799-33-0121
P：20 台

【恵美酒神】万福寺《まんぷくじ》

770年～淳仁天皇の御陵と母である当麻夫人の墓守を勤める僧侶の宿坊として創建、その後1394年～加集氏により再建されました。日本一の大きさを誇る一刀彫の恵美酒さまが参拝者を迎えてくれます。幸せの釣り方を授ける神です。

<参拝記念品>
合格祈願鉛筆

家の内側につける「門守り」1000 円

住：南あわじ市賀集鍛冶屋 87-1
電：0799-54-0244
P：30 台（無料）

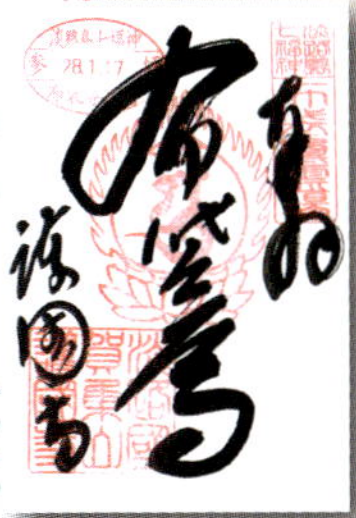

【布袋尊】護国寺《ごこくじ》

行教上人が開創された由緒ある古刹。境内には江戸初期の池泉廻遊式庭園があり、桃山風の雰囲気がみなぎっています。家庭円満・和合を授ける神「布袋尊」。本堂にはたくさんの布袋さんの木像が置かれています。

<参拝記念品>
「笑門来福」のカードが入ったミニポケットティッシュ

交通安全ステッカー 800 円

住：南あわじ市賀集八幡 732
電：0799-54-0259
P：50 台（無料）

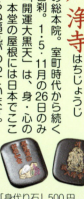

山名酒造《やまなしゅぞう》

From　達身寺　高源寺

江戸時代から300年続く蔵。1樽に1軒の生産者の米だけを仕込む少量生産の純米酒は、一般の酒販店では買えない希少品。幻の酒米で仕込んだ復刻酒「野条穂（のじょうほ）」など、じっくり時間をかける伝統的な製法で生みだされる。その味は料理を引き立て、さわやかなあと味を残す。

★山田錦100%の「奥丹波」

買う

住：丹波市市島町上田211　**電：**0795-85-0015
営：9：00～17：00
休：正月三が日　**P：**あり
アクセス：JR福知山線市島駅より10分
HP：http://okutamba.co.jp/

cafe ma-no《カフェマーノ》

From　達身寺　高源寺

生産国や地域、処理方法が明確で、作り手の思いが伝わる「シングルオリジンコーヒー」や、コーヒー専門のバリスタも感動した紅茶「二次発酵紅茶ダージリン」をはじめ、自家製ソースのパスタやホームメイドのスイーツなど。イタリア語で「手」を意味する店名の通り、温かみがあふれる店内でゆったりと過ごせる。

食べる

住：丹波市柏原町母坪402-1　**電：**0795-71-4110
営：11：00～21：00（日曜は10：00～19：00、LO閉店1時間前）
休：木曜　**P：**あり
アクセス：JR福知山線石生駅より20分
HP：http://cafe-ma-no.com/

★人気のカプチーノ600円

丹波市立《たんばしりつ》 植野記念美術館《うえのきねんびじゅつかん》

From　達身寺　高源寺

中国現代絵画、中国景徳鎮磁器･陶板画、コンテンポラリーアート、パプア･ニューギニア民俗美術品など、故・植野藤次郎氏からの寄贈品や郷土ゆかりの作家作品など約1200点を収蔵。絵本原画展や日本画展など、美術に関する様々なテーマで年間6～7回の展覧会を企画し、展示している。

★古代ギリシャ神殿の様式を基調とした建物

見る

住：丹波市氷上町西中615-4
電：0795-82-5945　**営：**10：00～17：00（入館は～16：30）
休：月曜（祝日の場合は翌日）　**P：**あり
アクセス：JR福知山線石生駅よりバスで美術館前下車すぐ

鳳鳴酒造《ほうめいしゅぞう》 ほろよい城下蔵《ほろよいじょうかぐら》

From まけきらい稲荷　文保寺

寛政9（1797）年に創業した鳳鳴酒造の酒造見学施設として開放されている蔵。酒造りに使われてきたいろいろな道具が展示され、その歴史を知ることができて興味深い。杜氏が心をこめて造った日本酒の試飲や販売もある。国の有形文化財に登録されている江戸時代の建物は重厚な雰囲気で、ぜひ見学したい。

買う

住：篠山市呉服町 46
電：079-552-6338
営：9：30 ～ 17：00
休：火曜　**P**：なし
アクセス：JR 福知山線篠山口駅よりバスで春日神社前下車すぐ　**HP**：http://www.houmei.com/

★昔の酒蔵を見学

★鳳鳴酒造の全商品がラインナップ

梅角堂《ばいかくどう》

From 王地山まけきらい稲荷　文保寺

丹波黒大豆をやわらかく煮込み、5日間かけて作られる甘納豆は30年間変わらない味。渋皮煮の栗が丸ごと一粒入った栗みかさや柔らかく炊き上げた黒豆が入った黒豆三笠のほか、春の「桜」や、初夏に登場する「抹茶」など季節限定のみかさにも注目。

買う

住：篠山市立町 78-1
電：079-552-1311
営：8：00 ～ 18：30
休：木曜　**P**：あり
アクセス：JR 福知山線篠山口駅よりバスで下立町下車すぐ　**HP**：http://baikakudo.net/

王地山公園《おうじやまこうえん》 ささやま荘《ささやまそう》

From 王地山まけきらい稲荷　文保寺

泊まる

住：篠山市河原町 474
電：079-552-1127
営：11：00 ～ 22：00
休：不定休　**P**：あり
アクセス：JR 福知山線篠山口駅よりバスで上立町下車 10 分　**HP**：http://www.sasayamaso.com/

勝負事の神様として親しまれている「まけきらい稲荷」に隣接していることから、その名にちなんだ「王地山まけきらいの湯」がある宿泊施設。神経痛や筋肉痛に効能があるといわれる泉質の湯は、やわらかくて体に染み入るよう。シーズン限定でぼたん鍋も味わえる。

竹田城《たけだじょう》 城下町ホテル《じょうかまちホテル》 EN《えん》

From 養父神社

食べる 見る 買う

竹田城跡の城下町にあった旧木村酒造をリノベートして、2013年秋にオープンした、人と人との縁をとりもつ複合商業施設。城下町でもひときわ広大な敷地内には、情報館「天空の城」をはじめ、ホテル、地産地消がテーマのフレンチレストラン、カフェ、交流スペースなどがあり、城下町散策の拠点にもピッタリ。

住：朝来市和田山町竹田363　**電**：079-674-0501
営：施設により異なる
休：施設により異なる
P：なし（竹田まちなか駐車場を利用）　**アクセス**：播但連絡道路和田山ICより4分
HP：http://www.takedacastle.jp/

海鮮せんべい但馬《かいせんせんべいたじま》

From 養父神社

買う 食べる

工場を併設する海鮮せんべい専門店。広々とした店内には40種類以上のせんべいが並び、ほとんどが試食可能。好みを確認して購入できるのがうれしい。人気は、日本海産のイカを使った「海鮮いかフライ」、いろいろ入った「但馬ミックス」、「かに」など。休憩スペースには、無料コーヒーもあり、ドライブの立ち寄りスポットとしてもおすすめ。

住：朝来市和田山町市御堂19-2
電：079-672-6767
営：9：00～18：00
休：なし　**P**：80台
アクセス：播但連絡道路和田山ICよりすぐ
HP：http://www.kaisen-senbei.jp/

但熊《たんくま》

From 但馬安國寺

熊も住めるような自然がいっぱい残るところの食材で作る料理を提供するから「但熊」。養鶏場直送の産みたて卵を使ったおいしい「たまごかけごはん」を求めて、オープン直後に行列ができる。隣接して、プリンやロールケーキなど卵をたっぷり使ったお菓子を販売する弐番館や、卵はもちろん地元の新鮮野菜などを販売する百笑館もある。

食べる 買う

住：豊岡市但東町栗尾916、弐番館は912-1
電：0796-55-0901、弐番館は0902　**営**：9：30～18：00（17：30LO）　**休**：年末年始、8/14　**P**：50台
アクセス：北近畿豊岡自動車道山東ICより30分
HP：https://www.eonet.ne.jp/~tankuma/

沼島《ぬしま》

From おのころ島神社

伊弉諾命と伊弉冉命の国生み神話の舞台となったとされる島。高さ約 30 mの矛先のような形をした、沼島のシンボル「上立神岩」は、国生み神話ゆかりの場所であり、伊弉諾命と伊弉冉命が巨大な柱の周囲を回って婚姻をしたという「天の御柱」とも伝わる。中央部がハート型にくぼんでいるので、夫婦円満・恋愛成就のシンボルとしても有名。伊弉諾命と伊弉冉命を祀る「おのころ神社」など見どころもいっぱい。新鮮な海の幸を使った料理が楽しめる店もある。

食べる　見る　買う

住： 南あわじ市沼島 2400（沼島総合案内所）
電：0799-57-0777
営：施設・店舗により異なる　**休：**施設・店舗により異なる　**P：**なし
アクセス：沼島汽船土生待合所より船で 10 分
HP：http://nushima-yoshijin.jp/

★島の周囲を漁船で回る「沼島おのころクルーズ」もおすすめ

洲本レトロこみち《すもとレトロこみち》

From 千光寺

「歴史ある洲本の町ににぎわいを取り戻そう」と、地元民のボランティアによる町おこしで息を吹き返した小さな路地。釜焼きチャーシューと中国茶の「たねさん」、農家が経営するジェラート店「ピッコロット」、島の手作りジャム専門店「とらかめ舎」、昔懐かしいおふくろの味「こみち食堂」、紅茶と焼菓子＋ショットバー「バーエトワール」など個性的な 23 店が軒を連ねる。年 2 回「城下町洲本レトロなまち歩き」というイベントも開催し、多いに盛り上がる。

食べる　見る　買う

住：洲本市本町 5、本町 6、栄町 2 界隈
電：090-5167-6988（事務局）
営：店舗により異なる
休：店舗により異なる
P：なし
アクセス：洲本高速バスセンターより 5 分
HP：http://sumoto-retro.com

★隣の商店街と連動して
木曜定休のお店が多い

た

な

は

ま

や

INDEX

あ

か

さ

取材・撮影
磯本歌見
安田良子

デザイン・DTP
益田美穂子（open! Sesame）
山本瑞穂（monocoto-design）

地図
松田三樹子

編集
OFFICEあんぐる

大阪・兵庫　ご朱印めぐり旅　乙女の寺社案内

2016年4月15日　第1版・第1刷発行
2018年7月10日　第1版・第4刷発行

著　者　あんぐる
発行者　メイツ出版株式会社
代表者　三渡　治
〒102-0093 東京都千代田区平河町一丁目1-8
TEL：03-5276-3050（編集・営業）
03-5276-3052（注文専用）
FAX：03-5276-3105
印　刷　三松堂株式会社

メイツ出版ホームページアドレス http://www.mates-publishing.co.jp/
編集長:折居かおる　企画担当:折居かおる　制作担当:清岡香奈